Markus Gruner

Die E-Bilanz

Bachelor + Master
Publishing

Gruner, Markus: Die E-Bilanz, Hamburg, Bachelor + Master Publishing 2013
Originaltitel der Abschlussarbeit: Die E-Bilanz

Buch-ISBN: 978-3-95549-305-9
PDF-eBook-ISBN: 978-3-95549-805-4
Druck/Herstellung: Bachelor + Master Publishing, Hamburg, 2013
Zugl. Georg-Simon-Ohm-Fachhochschule Nürnberg, Nürnberg, Deutschland,
Bachelorarbeit, Dezember 2012

Bibliografische Information der Deutschen Nationalbibliothek:
Die Deutsche Nationalbibliothek verzeichnet diese Publikation in der Deutschen
Nationalbibliografie; detaillierte bibliografische Daten sind im Internet über
http://dnb.d-nb.de abrufbar.

Das Werk einschließlich aller seiner Teile ist urheberrechtlich geschützt. Jede Verwertung außerhalb der Grenzen des Urheberrechtsgesetzes ist ohne Zustimmung des Verlages unzulässig und strafbar. Dies gilt insbesondere für Vervielfältigungen, Übersetzungen, Mikroverfilmungen und die Einspeicherung und Bearbeitung in elektronischen Systemen.

Die Wiedergabe von Gebrauchsnamen, Handelsnamen, Warenbezeichnungen usw. in diesem Werk berechtigt auch ohne besondere Kennzeichnung nicht zu der Annahme, dass solche Namen im Sinne der Warenzeichen- und Markenschutz-Gesetzgebung als frei zu betrachten wären und daher von jedermann benutzt werden dürften.

Die Informationen in diesem Werk wurden mit Sorgfalt erarbeitet. Dennoch können Fehler nicht vollständig ausgeschlossen werden und die Diplomica Verlag GmbH, die Autoren oder Übersetzer übernehmen keine juristische Verantwortung oder irgendeine Haftung für evtl. verbliebene fehlerhafte Angaben und deren Folgen.

Alle Rechte vorbehalten

© Bachelor + Master Publishing, Imprint der Diplomica Verlag GmbH
Hermannstal 119k, 22119 Hamburg
http://www.diplomica-verlag.de, Hamburg 2013
Printed in Germany

Inhalt

Abbildungsverzeichnis IV
Tabellenverzeichnis IV
Abkürzungsverzeichnis V
1. Vorwort 1
2. Die E-Bilanz als Teil des E-Government 2
3. Rechtliche Grundlagen der E-Bilanz 5
4. XBRL als Übermittlungsstandart der E-Bilanz 8
5. Zeitlicher Anwendungsbereich 11
6. Persönlicher Anwendungsbereich 14
7. Härtefallregelung 16
8. Sanktionen 18
9. Pilotphase der E-Bilanz 2011 19
10. Taxonomie 21
   10.1. Taxonomie und ihre technische Komponente 21
   10.2. Die HGB-Taxonomie als Ausgangsbasis der Steuertaxonomie 24
   10.3. Die Steuertaxonomie und ihre gesetzliche Grundlage 25
   10.4. Taxonomie-Arten 30
      10.4.1. Kerntaxonomie 30
      10.4.2. Branchentaxonomie 30
      10.4.3. Spezialtaxonomie 31
   10.5. Berichtsbestandteile der Steuertaxonomie 31
      10.5.1. GCD-Modul (Stammdatenmodul) 31
      10.5.2. GAAP-Modul (Jahresabschlussmodul) 31
   10.6. ERiC- Schnittstelle 32
11. Mindestumfang der zu übermittelnden Daten 36
   11.1. Empirische Untersuchung des vorgeschriebenen Mindestumfangs 40
   11.2. Feldeigenschaften der Taxonomie 42
      11.2.1. Mussfelder und NIL-Werte 42
      11.2.2. Mussfelder, Kontennachweis erwünscht 44
      11.2.3. Summenfelder und rechnerisch notwendige Positionen 45
      11.2.4. Auffangpositionen 47

	11.2.5. Unzulässige Positionen	49
12.	Analyse des Kontenplans – Mapping	51
12.1.	Konstellationen des Mapping	51
	12.1.1. Konstellation 1:1 – Beziehung	51
	12.1.2. Konstellation n:1 – Beziehung	52
	12.1.3. Konstellation 1:n – Beziehung	52
	12.1.4. Konstellation n:m – Beziehung	53
12.2.	Beispiel Mapping des Sachanlagevermögens	53
13.	Implementierung der E-Bilanz	55
13.1.	Zeitlicher Ablauf der Implementierung	55
13.2.	Betroffene Unternehmensbereiche	56
	13.2.1. Steuerabteilung	57
	13.2.2. IT/Datenverarbeitung	57
	13.2.3. Rechnungswesen	57
	13.2.4. Interne Revision und Qualitätssicherung	58
13.3.	Implementierungsstrategie und Compliance-Level	58
	13.3.1. Minimalstrategie	59
	13.3.2. Maximalstrategie	59
	13.3.3. Neutralstrategie	60
14.	Ziele der E-Bilanz aus Sicht der Finanzverwaltung	61
15.	Die E-Bilanz aus Sicht der Unternehmen	63
15.1.	Folgen für die Unternehmen	63
15.2.	Auswirkungen auf das betriebliche Rechnungswesen	64
16.	Persönliches Fazit der E-Bilanz	66
Literaturverzeichnis		VII

Abbildungsverzeichnis

Abbildung 1: Vereinfachter Ablauf Elster 3
Abbildung 2: Ausbau des E-Government 3
Abbildung 3: Gesetzliche Grundlage 6
Abbildung 4: Beispiel Tags 9
Abbildung 5: Technische Komponente der Taxonomie 23
Abbildung 6: Label Linkbase 23
Abbildung 7: Reference Linkbase 24
Abbildung 8: Pflichtangaben in der Steuer-Taxonomie (Bilanz) 27
Abbildung 9: Pflichtangaben in der Steuer-Taxonomie (GuV) 28
Abbildung 10: ERiC Funktionsweise 34
Abbildung 11: empirische Analyse des Mindestumfangs bei Steuerberatern 40
Abbildung 12: empirische Analyse bei Klein- und Kleinstbetrieben 41
Abbildung 13: Beteiligungen der Kerntaxonomie 5.1 43
Abbildung 14: Beispiel Kontennachweis 45
Abbildung 15: Summenmussfeld Vorräte 46
Abbildung 16: Auffangposition am Beispiel der Bilanzposition "Grundstücke" 48
Abbildung 17: Steuerlich unzulässige Positionen der Bilanz 50
Abbildung 18: Mapping 1:1 Beziehung 51
Abbildung 19: Mapping n:1 Beziehung 52
Abbildung 20: Mapping 1:n - Beziehung 52
Abbildung 21: Mapping n:m - Beziehung 53
Abbildung 22: Mapping Sachanlagen vor Umbuchungen 54
Abbildung 23: Mapping Sachanlagen nach Umbuchungen 54
Abbildung 24: Zeitschiene 56

Tabellenverzeichnis

Tabelle 1: Bedeutung der Tags 9
Tabelle 2: Erlass der AnwZpvV 12
Tabelle 3: Veröffentlichte Taxonomien 29
Tabelle 4: Gliederung der Sachanlagen nach § 266 HGB und HGB-Taxonomie 4.0.... 37
Tabelle 5: Beispiel "NIL-Wert" Beteiligung 43
Tabelle 6: Mapping Sachanlagevermögen 53

Abkürzungsverzeichnis

AnwZpvV =	Anwendungszeitpunktsverschiebungsverordnung
AO =	Abgabenordnung
BilMoG =	Bilanzmodernisierungsgesetz
BMF =	Bundesministerium der Finanzen
BMI =	Bundesministerium des Inneren
bzgl. =	bezüglich
bzw. =	beziehungsweise
B2B =	Business-to-Business
B2C =	Business-to-Consumer
COALA =	Communication to Application Layer
eBanz =	elektronischer Bundesanzeiger
EDV =	elektronische Datenverarbeitung
E-Government =	Electronic Government
EHUG =	Gesetz über elektronische Handelsregister und Genosseschafts- sowie Unternehmensregister
ERiC =	Elster Rich Client
EStDV =	Einkommensteuerdurchführungsverordnung
EStG =	Einkommensteuergesetz
e.V. =	eingetragener Verein
FAQ =	Frequently Asked Question
ff. =	fortfolgende
GAAP =	Generally Accepted Accounting Principles (Jahresabschluss-Modul)
GCD =	Global Common Data (Stammdaten-Modul)
GewStG =	Gewerbesteuergesetz
GuV =	Gewinn- und Verlustrechnung
HGB =	Handelsgesetzbuch

HTML =	Hypertext Markup Language
IT =	Informationstechnik
i.V.m. =	in Verbindung mit
KapGes. =	Kapitalgesellschaften
KStG =	Körperschaftssteuergesetz
NIL =	Not In List
PersGes. =	Personengesellschaften
Rz. =	Randziffer
SEC =	Securities and Exchange Commission
USt =	Umsatzsteuer
vgl. =	vergleiche
XBRL =	Extensible Business Reporting Language
XML =	Extensible Markup Language
z.B. =	zum Beispiel

1. Vorwort

In immer kürzer werdenden Abständen ändern sich die gesetzlichen Anforderungen in Bezug auf die Rechnungslegung und die steuerliche Gewinnermittlung. Dies beschränkt sich nicht nur auf handels- bzw. steuerrechtliche Normen. Im Wettlauf mit kostengünstig und effizient gestalteten administrativen Abläufen im Unternehmen, kommen verstärkt moderne Informationstechnologien zum Einsatz. Auch die Finanzverwaltung setzt so zunehmend auf den Trend der Digitalisierung.[1]

Das Steuerbürokratieabbaugesetz und der neu geschaffene § 5b EStG, welche die E-Bilanz gesetzlich begründet, sind Teil der von der Bundesregierung veröffentlichten Strategie „Elektronik statt Papier". So muss die Bilanz und Gewinn- und Verlustrechnung für Wirtschaftsjahre, die nach dem 31.Dezember 2012 beginnen, zwingend elektronisch an die Finanzverwaltung übermittelt werden. Diese elektronische Übermittlung ist nicht neu, da sie schon seit Jahren erfolgreich bei den Veröffentlichungen im elektronischen Bundesanzeiger Anwendung findet. Die Finanzverwaltung geht jedoch, was den Detaillierungsgrad betrifft, weit über die gesetzlichen Regelungen der §§ 266 und 275 HGB hinaus. Dies hat zum Teil gravierende Auswirkungen auf bestehende Prozesse des betrieblichen Rechnungswesens.

So müssen sich betroffene Unternehmen schon rechtzeitig mit der Implementierung der E-Bilanz befassen, um den vorgeschriebenen Datensätzen gerecht zu werden. Dieser erhebliche Umstellungsbedarf bietet der Finanzverwaltung jedoch einige neue Perspektiven. So lassen sich durch die medienbruchfreie Übermittlung der Bilanz und Gewinn- und Verlustrechnung Kosten einsparen und durch den entstehenden Datenpool, im Vorfeld einer Betriebsprüfung, statistische Auswertungen generieren, welche eine risikoorientierte Prüfung ermöglichen.

Die vorliegende Bachelorarbeit setzt sich nun zunächst mit der E-Government-Strategie und den gesetzlichen Grundlagen der E-Bilanz auseinander, um im Anschluss daran die Taxonomie und den darin enthaltenen Mindestumfang näher zu erläutern. Darüber hinaus werden das Mapping und die Implementierung der E-Bilanz beschrieben und die Folgen für die Finanzverwaltung und die Unternehmen kritisch veranschaulicht.

---

[1] Vgl. Wittkowski, Die E-Bilanz Grundlagen, Maßnahmen, Umsetzungsmanagement, Vorwort, S.5.

2. Die E-Bilanz als Teil des E-Government

Die sogenannte E-Government-Strategie der Bundesregierung gilt als Ausgangsbasis der E-Bilanz. Das Bundesministerium des Inneren (BMI) beschreibt mit dem Begriff des Electronic-Government (E-Government) alle Prozesse der öffentlichen Willensbildung, der Entscheidungsfindung und Leistungserstellung in Politik, Staat und Verwaltung, soweit diese unter weitestgehender Nutzung von Informations- und Kommunikationstechnologien stattfinden.[2] Als Beispiele für Nutzungsmöglichkeiten des E-Government nennt das BMI, die Verwaltungsmodernisierung durch elektronische Vorgangsbearbeitung, sowie die vereinfachte Informationsbereitstellung an die Bürgerinnen und Bürger, mit dem Ziel, sämtliche Dienstleistungen und Verwaltung elektronisch zugänglich zu machen. Hiermit soll sowohl für Unternehmen, als auch für die Finanzverwaltung eine hohe Wirtschaftlichkeit und Effizienz erreicht werden.[3] Durch das von der Bundesregierung am 18.August 2010 beschlossene Regierungsprogramm „Vernetzte und transparente Verwaltung", welches die Strategie für die Modernisierung der Verwaltung konkretisiert, unterstützt die Regierung die Einführung des E-Government.[4]

Auch auf europäischer Ebene wurden Initiativen gestartet, welche die Entwicklung des E-Governments vorantreiben. So ist am 18.November 2009 auf der E-Government-Ministerkonferenz in Malmö eine Deklaration verabschiedet worden, welche die Etablierung eines E-Government-Services auf europäischer Ebene bis 2015 vorsieht.[5]

Schon heute finden sich zahlreiche Anwendungsmöglichkeiten des E-Governments. So bestimmt das „Gesetz über elektronische Handelsregister sowie das Unternehmensregister" (EHUG), dass alle Kapitalgesellschaften und Personengesellschaften im Sinne des § 264a HGB, sowie die unter §§ 9, 15 PublG fallenden Unternehmen, verpflichtet sind, alle offenlegungspflichtigen Unterlagen an den Betreiber des elektronischen Bundesanzeigers (eBanz) weiterzuleiten (§ 325 Absatz 1 Satz 1 HGB).[6]

---

[2] Vgl. Bundesministerium des Innern, Lexikon: E-Government, http://www.bmi.bund.de/DE/Service/Glossar/Functions/glossar.html?nn=105094&lv2=296422&lv3=152158 (Abruf 28.Juli 2012).
[3] Vgl. Strube, Die E-Bilanz – Eine große Herausforderung für Ihre Mandanten, S.7.
[4] Vgl. Bundesministerium des Innern, Regierungsprogramm „ Vernetzte und transparente Verwaltung" http://www.verwaltung-innovtiv.de/cln_339/nn_684674/SharedDocs/Publikationen/Pressemitteilungen/fortschrittsbericht_2011,templateId=raw,property=publicationFile.pdf/fortschrittsbericht_2011.pdf (Abruf 28.Juli 2012/30.Oktober 2012).
[5] Vgl. Koch/Nagel/Maltseva, E-Bilanz – rationell und richtig umstellen, S.2
[6] Vgl. Althoff/Arnold/Polka/Jansen/Wetzel, Die neue E-Bilanz, S.10.

Auch das sich derzeit im Aufbau befindende ELSTER-Verfahren, welches bisher bei der Übermittlung von Umsatzsteuererklärungen und Umsatzsteuervoranmeldungen zum Einsatz kommt, spiegelt die Anwendung des E-Government wider. Hier werden die nötigen Informationen via „ElsterOnline" an die Finanzverwaltung weiter geleitet, mit dem Ziel, Bürokratie abzubauen und das Einreichen von Steuerformularen effizienter zu gestalten.

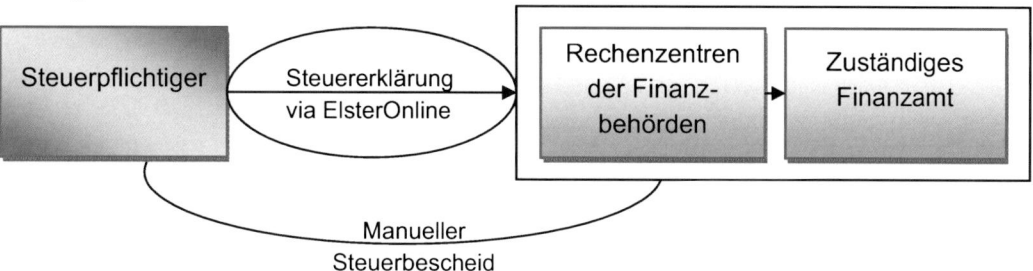

Abbildung 1: Vereinfachter Ablauf Elster

Quelle: Althoff/Arnold/Jansen/Polka/Wetzel, Die neue E-Bilanz, S.11.

Die nun neu eingeführte E-Bilanz stellt in Folge der Strategieumsetzung der Bundesregierung, unter dem Motto „Elektronik statt Papier", einen weiteren Bestandteil des E-Government dar.

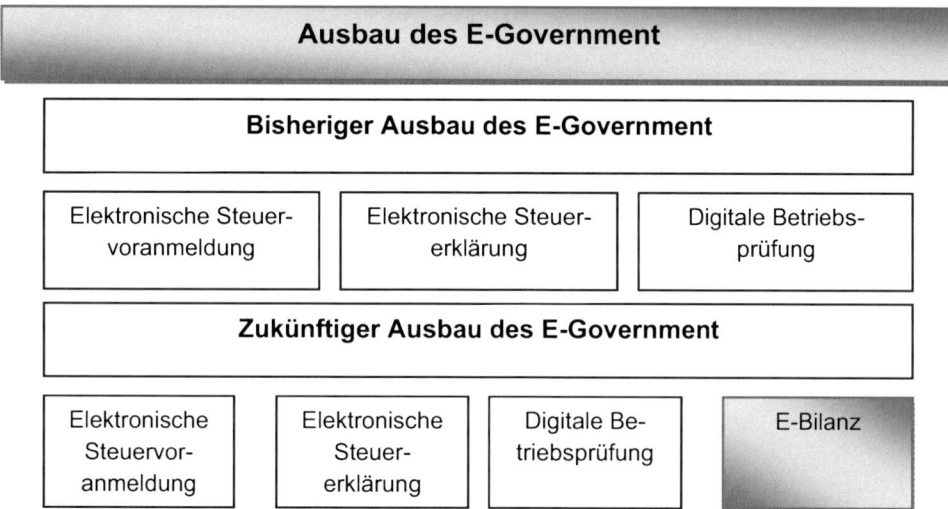

Abbildung 2: Ausbau des E-Government

Quelle: Strube, Die E-Bilanz – Eine große Herausforderung für Ihre Mandanten, S.8.

Obwohl die Finanzverwaltung immer intensiver dazu übergeht, elektronische Datenübermittlungen einzuführen, dominieren derzeit papierbasierte Verfahrensabläufe.[7] Aus Statistiken der Finanzverwaltung ist ersichtlich, dass die Zahl der via ELSTER übermit-

---

[7] Vgl. Richter/Kruczynski/Kurz, Die E-Bilanz: Ein Beitrag zum Steuerbürokratieabbau?, DB 2010, S.1604.

telten elektronischen Steuererklärungen stetig steigt. So hat sich die Zahl der elektronisch übermittelten Einkommenssteuererklärungen im Jahr 2011 im Vergleich zu 2009 um 1,2 Millionen erhöht, was einem Anstieg von fast 15% entspricht. Die tendenzielle Zunahme elektronisch übermittelter Einkommenssteuererklärungen lässt sich somit statistisch belegen.[8]

---

[8] Vgl. Aktuelles zu Elster, Statistische Zahlen, https://www.elster.de/elster_stat_nw.php. (Abruf 28.Juli 2012).

3. Rechtliche Grundlagen der E-Bilanz

Mit dem Steuerbürokratieabbaugesetz vom 20.Dezember 2008 entstand die rechtliche Grundlage für die elektronische Übermittlung des Jahresabschlusses.[9] Die Finanzverwaltung hat hier die gesetzlichen Rahmenbedingungen für die elektronische Übermittlung der Einnahmenüberschussrechnung gemäß § 60 EStDV, sowie der elektronischen Steuererklärung nach § 31 KStG, § 14a GewStG, § 181 AO und § 25 EStG geschaffen. Auch die elektronische Bereitstellung von Zuwendungsbestätigungen für Spenden § 50 EStDV ist durch das Steuerbürokratieabbaugesetz geregelt.[10]

Nach § 5b Absatz 1 Satz 1 EStG, muss der Inhalt der Bilanz, sowie der Gewinn – und Verlustrechnung, nach amtlich vorgeschriebenem Datensatz durch Datenfernübertragung übermittelt werden, wenn der Gewinn nach § 4 Absatz 1, § 5 oder § 5a EStG errechnet wird.

Konkretisiert wird der Begriff der „Bilanz" des Satzes 1 mit den Sätzen 2 und 3. Diese sind identisch zu den Vorschriften des § 60 Absatz 2 EStDV, welche wiederum die Steuerbilanz umschreiben.[11] Falls der Steuerpflichtige schon eine Bilanz nach dem Handelsrecht HGB erstellt hat, muss er den § 5b Absatz 1 Satz 2 EStG beachten:

„Enthält die Bilanz Ansätze oder Beträge, die den steuerlichen Vorschriften nicht entsprechen, so sind diese Ansätze oder Beträge durch Zusätze oder Anmerkungen den steuerlichen Vorschriften anzupassen und nach amtlich vorgeschriebem Datensatz durch Datenfernübertragung zu übermitteln" (§ 5b Absatz 1 Satz 2 EStG).

Alternativ kann der Steuerpflichtige auf eine Überleitungsrechnung verzichten und eine nach den steuerrechtlichen Vorschriften erstellte Steuerbilanz nach § 5b Absatz 1 Satz 3 EStG übermitteln:[12]

„Der Steuerpflichtige kann auch eine der steuerlichen Vorschriften entsprechende Bilanz nach amtlich vorgeschriebenem Datensatz durch Datenfernübertragung übermitteln" (§ 5b Absatz 1 Satz 3 EStG).

---

[9] Vgl. Althoff/Arnold/Polka/Jansen/Wetzel, Die neue E-Bilanz, S.13.
[10] Vgl. Kußmaul/Weiler, Kritische Würdigung und Meldepflicht ab 2011 Die neuen gesetzlichen Regelungen zur „E-Bilanz"- § 5b EStG und § 60 EStDV, BBK 2010, S.693 (694).
[11] Vgl. Kußmaul/Weiler, Kritische Würdigung und Meldepflicht ab 2011 Die neuen gesetzlichen Regelungen zur „E-Bilanz"- § 5b EStG und §60 EStDV, BBK 2010, S.693 (695).
[12] Vgl. Kußmaul/Weiler, Kritische Würdigung und Meldepflicht ab 2011 Die neuen gesetzlichen Regelungen zur „E-Bilanz"- § 5b EStG und §60 EStDV, BBK 2010, S.693 (695).

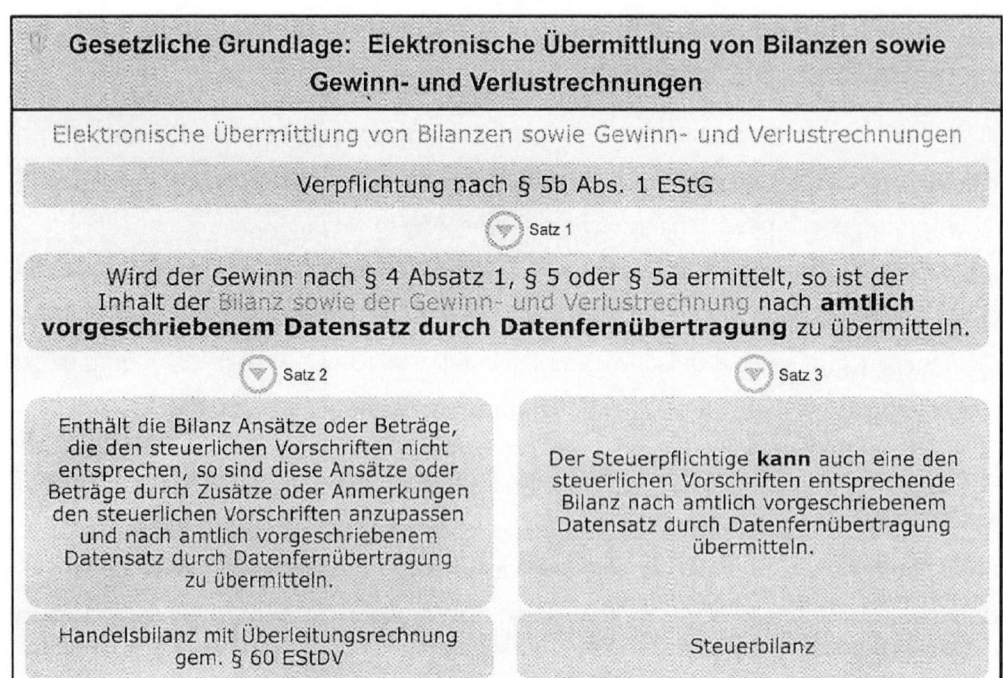

Abbildung 3: Gesetzliche Grundlage

Quelle: Strube, Die E-Bilanz – Eine große Herausforderung für Ihre Mandanten, S.10.

Form und Inhalt der Steuererklärung richtet sich nach § 5b Absatz 1 Satz 4 EStG in Verbindung mit § 150 Absatz 7 AO. § 150 Absatz 7 Satz 1 AO besagt, falls die Steuergesetze anordnen, dass der Steuerpflichtige die Steuererklärung nach amtlich vorgeschrieben Datensatz zu übermitteln hat, der Datensatz mit einer qualifizierten elektronischen Signatur nach dem Signaturgesetz zu versehen ist. Des Weiteren kann das BMF, zur Erleichterung und Vereinfachung des automatisierten Besteuerungsverfahrens nach § 150 Absatz 7 Satz 2 AO, mit Zustimmung des Bundestages, Rechtsverordnungen bestimmen und erlassen.[13]

Das heißt, dass „das Nähere über Form, Inhalt, Verarbeitung und Sicherung der zu übermittelnden Daten", „die Art und Weise der Übermittlung der Daten", „die Zuständigkeit für die Entgegennahme der zu übermittelnden Daten", „die Mitwirkungspflichten Dritter und deren Haftung für Steuern oder Steuervorteile, die auf Grund unrichtiger Erhebungen, Verarbeitung oder Übermittlung der Daten verkürzt oder erlangt werden", „den Umfang und die Form der für diese Verfahren erforderlichen besonderen Erklärungspflichten des Steuerpflichten bestimmt" werden, sowie „im Benehmen mit dem Bundesministerium des Inneren anstelle der qualifizierten elektronischen Signatur ein

---

[13] Vgl. Kußmaul/Weiler, Kritische Würdigung und Meldepflicht ab 2011 Die neuen gesetzlichen Regelungen zur „E-Bilanz"- § 5b EStG und §60 EStDV, BBK 2010, S.693 (701).

anderes sicheres Verfahren, das die Authentizität und die Integrität des übermittelten elektronischen Dokuments sicherstellt", und „Ausnahmen von der Pflicht zur Verwendung einer qualifizierten elektronischen Signatur oder eines anderen sicheren Verfahren nach Nummer 6" zuzulassen (§ 150 Absatz 7 Satz 2 Nummer 1-7 AO).

Als weitere gesetzliche Grundlage wird nach § 51 Absatz 4 Nummer 1b EStG, das Bundesministerium der Finanzen dazu ermächtigt, im Einvernehmen mit den obersten Finanzbehörden der Länder, den Mindestumfang der nach § 5b EStG elektronisch zu übermittelnden Bilanz und Gewinn- und Verlustrechnung zu bestimmen.[14] Dieser Mindestumfang spiegelt sich in „Mussfeldern" der Steuertaxonomie wider, welche gewährleisten, dass alle relevanten Informationen an das Finanzamt übermittelt werden.

Außerdem besagt § 5b Absatz 2 EStG, dass auf Antrag, die Finanzbehörde zur Vermeidung unbilliger Härten, auf eine elektronische Übermittlung verzichten kann. Folglich ist die Bilanz und Gewinn- und Verlustrechnung in Papierform der Steuererklärung beizufügen, wobei hier wiederum § 60 EStDV zu beachten ist.[15] Bei der Härtefallregelung wird auf Kapitel 7 der vorliegenden Bachelorarbeit verwiesen.

---

[14] Vgl. Kußmaul/Weiler, Kritische Würdigung und Meldepflicht ab 2011 Die neuen gesetzlichen Regelungen zur „E-Bilanz"- § 5b EStG und §60 EStDV, BBK 2010, S.693 (701).
[15] Vgl. Kußmaul/Weiler, Kritische Würdigung und Meldepflicht ab 2011 Die neuen gesetzlichen Regelungen zur „E-Bilanz"- § 5b EStG und §60 EStDV, BBK 2010, S.693 (695).

4. XBRL als Übermittlungsstandart der E-Bilanz

Die Finanzverwaltung hat festgelegt, dass als technisches Übermittlungsformat, dass in der betrieblichen Praxis allgemein genutzte XBRL-Format, für die Datenübermittlung anzuwenden sei. Die Abkürzung XBRL steht für „eXtensible Business Reporting Language", welche eine Websprache darstellt und mit HTML verwandt ist.[16]

Entwickelt wurde XBRL, in den letzten zehn Jahren, von der Organisation „XBRL International", die durch den Verein „XBRL Deutschland e.V." in der Bundesrepublik vertreten ist.[17] Dieser übernimmt in Deutschland für den handelsrechtlichen Jahresabschluss die Bereitstellung, Wartung und Pflege der HGB-Taxonomie.[18]

Erst durch die von der US-amerikanischen Börsenaufsicht SEC angestoßene Offenlegungspflicht von Finanzberichten, welche mittels XBRL übermittelt werden, wurde dem XBRL Übermittlungsstandard weltweit zum Durchbruch verholfen.[19] Hierzulande findet das XBRL-Format, bereits seit Einführung des EHUG, bei der Einreichung von Jahresabschlüssen für Offenlegungszwecke im elektronischen Bundesanzeiger, Anwendung.[20]

Ein großes Problem herkömmlicher Übermittlungsformate, wie HTML und PDF, ist die fehlende Möglichkeit, eine individuelle Auswahl zu treffen oder automatisierte Auswertungen von Rechnungslegungsdaten zu generieren.[21] XBRL hingegen gilt als anpassbares und erweiterbares Datenmodul, welches durch die flexible Infrastruktur, eine Grundlage für herstellerunabhängige Datenverarbeitungen darstellt.[22] Dieses domainunabhängige Format ist zunächst vollkommen neutral hinsichtlich ihres Verwendungszwecks. Erst durch die Definition mittels Taxonomien, welche als eine Art „Standard-, Posten-, Konten- und Analyseschemata" zu deuten sind, bekommen die im XBRL-Format übermittelten Daten, ihren Zusammenhang. Durch das Verwenden unterschiedlichster Taxonomien, hat das XBRL-Format den Vorteil, dass es im Hintergrund, semantische Informationen zur Weiterverarbeitung anbieten kann.[23] Die Bedeutung der aktuellen E-Bilanz Taxonomie wird im Kapitel 10 nochmals detaillierter erläutert.

---

[16] Vgl. Wittkowski, Die E-Bilanz Grundlagen, Maßnahmen, Umsetzungsmanagement, S.22.
[17] Vgl. Wittkowski, Die E-Bilanz Grundlagen, Maßnahmen, Umsetzungsmanagement, S.22.
[18] Vgl. AKEU, Finanzkommunikation mit XBRL, DB 2010, S.1472 (1474).
[19] Vgl. AKEU, Finanzkommunikation mit XBRL, DB 2010, S.1472.
[20] Vgl. Strube, Die E-Bilanz– Eine große Herausforderung für Ihre Mandanten, S. 28.
[21] Vgl. AKEU, Finanzkommunikation mit XBRL, DB 2010, S.1472 (1474).
[22] Vgl. Althoff/Arnold/Polka/Jansen/Wetzel, Die neue E-Bilanz, S.13.
[23] Vgl. AKEU, Finanzkommunikation mit XBRL, DB 2010, S.1472 (1474).

Um zu bestimmen, wo genau die verwendeten Daten zu finden sind, werden im XBRL-Format „Tags" als Attribute vergeben.[24]

Ein Beispiel hierfür ist der Wert der Vorräte zum 31.Dezember 2010 welcher mit 209.343 Euro zu Buche steht. Dieser hat im XBRL-Format den Tag:

„**<t:bs.ass.currAss.inventory** contextRef="**31DEC2010**"...>**20934300**"

Bezeichnung in Tag	Englische Bedeutung	Deutsche Übersetzung
t:	Taxonomy	Taxonomie
bs.	Balance sheet	Bilanz
ass.	Assets	Vermögen
currAss.	Current Assets	Umlaufvermögen
inventory	Inventory	Vorräte
contextRef	Context reference	Bezug auf
"31DEC2010"	December 31st 2010	31.Dezember 2010
20934300	209.343 Euro (Saldo)	209.343 Euro (Saldo)

Tabelle 1: Bedeutung der Tags

Quelle: Strube, Die E-Bilanz – Eine große Herausforderung für Ihre Mandanten, S. 28.

	31.12.2010	31.12.2011
Umlaufvermögen	749.385	1.522.594
Vorräte	209.343	401.068
Roh-, Hilfs- und Betriebsstoffe	116.904	213.623
unfertige Erzeugnisse, unfertige Leistungen	13.907	22.310
fertige Erzeugnisse, Waren	78.532	165.135
fertige Erzeugnisse	78.532	165.135
Forderungen und sonstige Vermögensgegenstände	280.282	954.582

Linke Annotation (zu 31.12.2010):
`<t:bs.ass.currAss.inventory contextRef="31DEC2010"...> 20934300 </t:bs.ass.currAss.inventory>`

Rechte Annotation (zu 31.12.2011):
`<t:bs.ass.currAss.inventory contextRef="31DEC2009"...> 40106800 </t:bs.ass.currAss.inventory>`

Abbildung 4: Beispiel Tags

Quelle: Strube, Die E-Bilanz – Eine große Herausforderung für Ihre Mandanten, S. 27.

In obiger Abbildung aus Strube „Die E-Bilanz" befindet ein redaktioneller Fehler in der Jahreszahl des Tags. Dennoch veranschaulicht dieses Beispiel die Nutzung von Tags.

---

[24] Vgl. Strube, Die E-Bilanz – Eine große Herausforderung für Ihre Mandanten, S. 27.

Der Vorteil, Daten ohne zusätzlichen Aufwand bis zum Endanwender einer Informationskette zu übermitteln, macht die Verwendung von XBRL-Formaten auch für B2B- oder B2C Konstellationen interessant. Da das XBRL-Format als allgemein gut genutzter Austausch-, Interpretations- und Darstellungsstandard für finanzielle und nicht-finanzielle Unternehmensinformationen gilt,[25] ist es nur folgerichtig, dass die Finanzverwaltung für die Übermittlung der E-Bilanz, das XBRL-Format als Übermittlungsstandart festlegte.

XBRL eignet sich für automatisierte Auswertungen, was die fehleranfällige, manuelle Erfassung und Verarbeitung von Bilanzinformationen vermeidet. Das neue Format ermöglicht es der Finanzverwaltung, eigene Abfragen der übermittelten Daten durchzuführen, welche Auffälligkeiten in den Abschlüssen erkennt und eine Betriebsprüfung somit nur bei identifizierten Sonderfällen angestoßen werden muss.

---

[25] Vgl. AKEU, Finanzkommunikation mit XBRL, DB 2010, S.1472 (1474).

5. Zeitlicher Anwendungsbereich

Nach dem Steuerbürokratieabbaugesetz vom 20.Dezember 2008 hat der Gesetzgeber für die verpflichtende Erstanwendung der elektronisch zu übermittelnden Bilanz und Gewinn- und Verlustrechnung, alle Jahre die nach dem 31.Dezember 2010 beginnen, als Erstanwendungszeitpunkt festgelegt.

Durch den erheblichen technischen Umstellungsaufwand, welcher auch den Finanzbehörden bekannt ist, wurde mit dem Steuerbürokratieabbaugesetz in § 51 Absatz 4 Nummer 1c. EStG, das Bundesministerium der Finanzen dazu ermächtigt, mit Zustimmung des Bundesrates, die zeitliche Erstanwendung zu verschieben.[26] Bedingung sei jedoch, dass die technischen oder organisatorischen Voraussetzungen für eine Umsetzung des § 5b EStG nicht ausreichen.

Ende des Jahres 2010 wurde dem Bundesministerium des Inneren eben diese Voraussetzung bewusst, was dem BMI dazu veranlasste, einen späteren Zeitpunkt für die Erstanwendung des § 5b EStG zu bestimmen.

Mit der Anwendungszeitpunktsverschiebungsverordnung (AnwZpvV) wurde nun zunächst, die in § 52 Absatz 15a EStG beschriebene, erstmalige elektronische Übermittlung von Bilanz und Gewinn- und Verlustrechnungsdaten um ein Jahr verschoben. Somit sollte die Erstanwendung des § 5b EStG auf Wirtschaftsjahre, die nach dem 31.Dezember 2011 beginnen, verpflichtend angewendet werden.[27]

Die elektronische Übermittlung der Einnahmenüberschussrechnung nach § 4 Absatz 3 EStG wurde jedoch, durch die AnwZpvV nicht verschoben. Somit ist die Einnahmenüberschussrechnung nach § 60 Absatz 4 in Verbindung mit § 84 Absatz 3d EStDV, unverändert ab den Wirtschaftsjahren die nach dem 31.Dezemeber 2010 beginnen, bei den Finanzbehörden elektronisch einzureichen.[28]

---

[26] Vgl. Althoff/Arnold/Polka/Jansen/Wetzel, Die neue E-Bilanz, S.24.
[27] Vgl. Althoff/Arnold/Polka/Jansen/Wetzel, Die neue E-Bilanz, S.25.
[28] Vgl. Althoff/Arnold/Polka/Jansen/Wetzel, Die neue E-Bilanz, S.25.

Gegenstand der Anwendungsregeln	Gesetzliche Erstanwendungsregel	Erstanwendung nach AnwZpvV
Elektronische Übermittlung von Bilanz sowie Gewinn- und Verlustrechnung (§ 5b EStG)	§52 Absatz 15a EStG	Wirtschaftsjahre, die nach dem 31. Dezember 2011 beginnen
Abschaffung der physischen Übermittlung von Bilanz sowie Gewinn- und Verlustrechnung (§ 60 Absatz 1 EStDV)	§ 84 Absatz 3d EStDV	Wirtschaftsjahre, die nach dem 31. Dezember 2011 beginnen
Elektronische Übermittlung der Einnahmenüberschussrechnung nach § 4 Absatz 3 EStG (§ 60 Absatz 4 EStDV)	§ 84 Absatz 3d EStDV	Gewinnermittlungszeiträume, die nach dem 31. Dezember 2010 beginnen

Tabelle 2: Erlass der AnwZpvV

Quelle: Althoff/Arnold/Jansen/Polka/Wetzel, Die neue E-Bilanz, S.26.

Erst aufgrund massiver Proteste aus der Wirtschaft kam es in der Finanzverwaltung zu einem Umdenken.[29] So wurde mit dem BMF-Schreiben vom 28.September 2011 eine allgemeine Nichtbeanstandungsregelung aufgenommen. Diese besagt, dass bei allen Unternehmen die nach § 5b EStG verpflichtet sind, die Bilanz und Gewinn- und Verlustrechnung ab den Wirtschaftsjahren die nach dem 31. Dezember 2011 beginnen elektronisch zu übermitteln, im ersten Jahr der Anwendung, eine Einreichung in Papierform nicht beanstandet wird.[30] Hieraus ergibt sich nun, dass im Wirtschaftsjahr 2012 bzw. 2012/2013 eine Übermittlung ohne Beachtung der Steuertaxonomie erfolgen kann,[31] was einer faktischen Verschiebung um ein weiteres Jahr gleichzustellen ist.[32]

Somit besteht für das Wirtschaftsjahr 2012 ein Wahlrecht, zwischen elektronischer Übermittlung nach amtlich vorgeschriebenem Datensatz und der Abgabe in Papierform.[33]

Mit dem Entwurf eines BMF-Schreibens vom 01. Juli 2011 (siehe auch BMF-Schreiben 28.September 2011 Rz. 7), sieht das BMI weitere Fallspezifische Erleichterungen für bestimmte Unternehmen vor. So können inländische Unternehmen mit ausländischen

---

[29] Vgl. Wittkowski, Die E-Bilanz Grundlagen, Maßnahmen, Umsetzungsmanagement, S.14.
[30] Vgl. Althoff/Arnold/Polka/Jansen/Wetzel, Die neue E-Bilanz, S.26.
[31] Vgl. Wittkowski, Die E-Bilanz Grundlagen, Maßnahmen, Umsetzungsmanagement, S.14.
[32] Vgl. Herzig/Briesemeister/Schäperclaus, E-Bilanz- Konkretisierung, Erleichterungen, verbleibende Probleme, DB 2011, S.1651.
[33] Vgl. Herzig/Briesemeister/Schäperclaus, E-Bilanz- Konkretisierung, Erleichterungen, verbleibende Probleme, DB 2011, S.1651.

Betriebsstätten, für alle Jahre die vor dem 01. Januar 2015 beginnen, die Bilanz und Gewinn- und Verlustrechnung auch weiterhin in Papierform abgeben.

Dies gilt auch für den „Inbound"-Fall. Ausländische Unternehmen mit inländischen Betriebsstätten, können für Wirtschaftsjahre die bis zum 31.Dezember 2014 beginnen, eine Auswahl zwischen papierbasierter Bilanz und Gewinn- und Verlustrechnung und der an die Steuertaxonomie gebundenen elektronischen Übermittlung treffen.[34]

Auch für Einkünfte aus Vermietung und Verpachtung beschränkt Steuerpflichtiger im Sinne des § 49 Absatz 1 Nummer 2 Buchstabe f Doppelbuchstabe aa in Verbindung mit § 49 Absatz 1 Nummer 6 EStG, soweit sie den Gewinn nach § 4 Absatz 1 EStG ermitteln, ist die Nichtbeanstandung für Wirtschaftsjahre die vor dem 31.Dezember 2014 beginnen, ausschlaggebend.[35]

Für steuerbefreite Körperschaften, mit einem steuerpflichtigen wirtschaftlichen Geschäftsbetrieb, sowie juristische Personen des öffentlichen Rechts, mit Betrieben gewerblicher Art, fallen ebenfalls unter die Sonderregelung des BMF-Schreibens vom 28.September 2011 Rz.7.[36]

Zusammenfassend lässt sich sagen, dass alle Unternehmen grundsätzlich für Wirtschaftsjahre, die nach dem 31.Dezember 2011 beginnen, die E-Bilanz einzureichen haben. Die Nichtbeanstandungsregelung erlaubt es, im Erstjahr der Anwendung, also für das Jahr nach dem 31.Dezmeber 2011, den Jahresabschluss in Papierform zu übermitteln. Darüber hinaus, ist es für einige Sonderfälle erst ab den Wirtschaftsjahren die nach dem 31. Dezember 2014 beginnen zwingend, eine E-Bilanz einzureichen.

Wie viele Unternehmen nun von der Nichtbeanstandungsregel Gebrauch machen, bleibt abzuwarten.

---

[34] Vgl. Herzig/Briesemeister/Schäperclaus, E-Bilanz- Konkretisierung, Erleichterungen, verbleibende Probleme, DB 2011, S.1651 (1653).
[35] Vgl. Althoff/Arnold/Polka/Jansen/Wetzel, Die neue E-Bilanz, S.26.
[36] Vgl. Wittkowski, Die E-Bilanz Grundlagen, Maßnahmen, Umsetzungsmanagement, S.15.

6. Persönlicher Anwendungsbereich

Zur persönlichen Anwendung der E-Bilanz besagt der Gesetzeswortlaut, "wird der Gewinn nach § 4 Absatz 1, § 5 oder § 5a ermittelt, so ist der Inhalt der Bilanz sowie der Gewinn- und Verlustrechnung nach amtlich vorgeschriebenem Datensatz durch Datenfernübertragung zu übermitteln" (§ 5b Absatz 1 Satz 1 EStG).

Betroffen sind alle Unternehmen, die Ihren Gewinn mittels Betriebsvermögensvergleich nach § 4 Absatz 1 EStG ermitteln. Hierunter fallen alle Land- und Forstwirte, die nach § 141 AO zur Buchführung und Abschlusserstellung verpflichtet sind oder freiwillig Bücher führen. Nach § 141 AO sind dies alle Land- und Forstwirte, welche mehr als 500.000 Euro Umsatz, einen Wirtschaftswert von mehr als 25.000 Euro oder einen Gewinn von mehr als 50.000 Euro generieren. Des Weiteren findet § 4 Absatz 1 EStG bei allen selbstständig Tätigen im Sinne des § 18 EStG Anwendung, welche freiwillig Bücher führen und regelmäßig Abschlüsse erstellen. Dies betrifft alle selbstständig Tätigen, welche ihre Gewinnermittlung nicht mittels Einnahmenüberschussrechnung nach § 4 Absatz 3 EStG ermitteln, sondern freiwillig Bücher führen. Auch gewerblich Tätige, die ihren Gewinn nicht über § 5 EStG oder § 4 Absatz 3 EStG ermitteln und der Gewinn geschätzt werden muss, fallen unter § 4 Absatz 1 EStG.[37]

Alle Gewerbetreibende, welche nach den §§ 238 und 242 HGB sowie § 141 AO verpflichtet sind, Bücher zu führen oder freiwillig Abschlüsse erstellen und ihren Gewinn über § 5 EStG ermitteln, sind von der Neuregelung des § 5b EStG betroffen und müssen eine E-Bilanz erstellen. Dies gilt auch für alle Land- und Forstwirte, welche nach Art und Umfang einen in kaufmännischer Weise eingerichteten Gewerbebetrieb erfordern und im Handelsregister eingetragen sind. Hieraus ergibt sich nun, dass alle Betriebe, welche gesetzlich dazu verpflichtet sind, handelsrechtliche Jahresabschlüsse zu erstellen, unter die Regelung des § 5b EStG fallen.[38]

Betriebe von Handelsschiffen im internationalen Verkehr, welche ihren Gewinn pauschal nach Tonnage ermitteln und somit unter § 5a EStG fallen, müssen eine E-Bilanz erstellen.

Grenzüberschreitende Besteuerungen, die hierzulande verpflichtet sind, buchzuführen und Abschlüsse zu erstellen, müssen ebenfalls die Anwendung des § 5b EStG befolgen. Hierunter fallen unbeschränkt Steuerpflichtige, welche für einen ausländischen

---
[37] Vgl. Althoff/Arnold/Polka/Jansen/Wetzel, Die neue E-Bilanz, S.28.
[38] Vgl. Althoff/Arnold/Polka/Jansen/Wetzel, Die neue E-Bilanz, S.27.

Gewerbebetrieb, ihren Gewinn nach § 5 EStG ermitteln, sowie beschränkt Steuerpflichtige, die ebenfalls für ihre inländischen Einkünfte, den Gewinn nach § 5 EStG ermitteln. Gemäß des BMF-Schreibens vom 16.Mai 2011, kann für inländische Einkünfte aus Vermietung und Verpachtung beschränkt Steuerpflichtiger im Sinne des § 49 Absatz 1 Nummer 2 Buchstabe f Doppelbuchstabe aa EStG und § 49 Absatz 1 Nummer 6 EStG die Gewinnermittlung nach § 4 Absatz 1 EStG anzuwenden sein. Dies wiederum bedeutet, dass diese Betriebe auch unter den Anwendungsbereich des § 5b EStG fallen.[39]

Persönlich befreite Körperschaften, welche für ihren steuerpflichtigen Einkunftsteil eine Bilanz und Gewinn- und Verlustrechnung erstellen, müssen ebenfalls § 5b EStG beachten. Dies gilt auch für Betriebe gewerblicher Art von juristischen Personen öffentlichen Rechts, sofern sie zur Aufstellung einer Bilanz und Gewinn- und Verlustrechnung verpflichtet sind.[40]

Nicht unter die Anwendung der E-Bilanz des § 5b EStG fallen steuerpflichtige Gewinne, welche durch Einnahmenüberschussrechnung des § 4 Absatz 3 EStG ermittelt werden. Somit müssen selbstständig Tätige, im Sinne des § 18 EStG, welche weder freiwillig Bücher führen noch Abschlüsse erstellen, die Neuregelung des § 5b EStG nicht beachten.[41] Auch alle Überschusseinkunftsarten wie Kapitalvermögen, Vermietung und Verpachtung sowie sonstige Einkünfte, sind von der E-Bilanzregelung ausgenommen.

---

[39] Vgl. Althoff/Arnold/Polka/Jansen/Wetzel, Die neue E-Bilanz, S.29.
[40] Vgl. Althoff/Arnold/Polka/Jansen/Wetzel, Die neue E-Bilanz, S.29.
[41] Vgl. Althoff/Arnold/Polka/Jansen/Wetzel, Die neue E-Bilanz, S.29.

7. Härtefallregelung

Erleichterungen in Abhängigkeit von Größenklassen oder Rechtsformen, sind vom Gesetzgeber grundsätzlich nicht vorgesehen.[42] Die Härtefallregelung, welche sich aus § 5b Absatz 2 EStG ableiten lässt besagt, dass die Finanzbehörde, auf Antrag zur Vermeidung unbilliger Härten, auf die elektronische Übermittlung der Bilanz und Gewinn- und Verlustrechnung verzichten kann.

Nach § 150 Absatz 8 AO ist hierfür Voraussetzung, dass es dem Steuerpflichtigen wirtschaftlich und persönlich unzumutbar ist, die Steuererklärung nach amtlich vorgeschriebenem Datensatz durch Datenfernübertragung zu übermitteln. Dies ist insbesondere dann der Fall, wenn ein nicht unerheblicher finanzieller Aufwand nötig wäre und der Steuerpflichtige nach seinen individuellen Kenntnissen und Fähigkeiten, nicht oder nur eingeschränkt in der Lage ist, die Datenfernübertragung zu nutzen.

Voraussetzung für die Inanspruchnahme der Härtefallregelung ist zunächst ein schriftlicher Antrag des Steuerpflichtigen. Darüber hinaus ist in der Anfangsphase ein konkludenter Antrag, folglich die bloße Abgabe der Daten in physischer Form möglich.[43] Nur bei begründeten Zweifelsfällen, wenn das Vorliegen eines Härtefalls nicht als glaubhaft angesehen wird, sind Sachverhaltsermittlungen der Finanzbehörde geboten.[44]

Hieraus ergeben sich nun einige kritische Fragestellungen. So hat die Finanzverwaltung den zeitlichen Rahmen des Begriffs „Anfangsphase" nicht näher bestimmt. Damit ist es fraglich, ob ein konkludenter Antrag tatsächlich seitens der Finanzbehörden akzeptiert wird.[45] Darüber hinaus, ist die Bedeutung des im § 150 Absatz 8 Satz 2 AO angeführten „nicht unerheblichen finanziellen Aufwand" noch nicht näher bestimmt. Hier ist jedoch davon auszugehen, dass die Finanzbehörde keine dauerhafte finanzielle Belastung anspricht, sondern den einmaligen Aufwand für die Herstellung der Fähigkeit zur Übermittlung der E-Bilanz.[46] Hierunter fällt der Aufwand für die Bereitstellung der nötigen Hard- und Software, sowie der weitaus höher ins Gewicht fallende Anpassungsaufwand des Buchhaltungssystems.

---

[42] Vgl. Strube, Die E-Bilanz – Eine große Herausforderung für Ihre Mandanten, S. 15.
[43] Vgl. Strube, Die E-Bilanz – Eine große Herausforderung für Ihre Mandanten, S. 16.
[44] Vgl. BT-Drucksache 16/10940, http://dip21.bundestag.de/dip21/btd/16/109/1610940.pdf , S.10 (Abruf 30.August 2012).
[45] Vgl. Althoff/Arnold/Polka/Jansen/Wetzel, Die neue E-Bilanz, S.30.
[46] Vgl. Herzig/Briesemeister/Schäperclaus, E-Bilanz und Steuer-Taxonomie, DB 2010, Beilage 5 zu Heft 41, S.1 (21).

Gerade Kleinstbetriebe sollten von den in § 150 Absatz 8 AO beschrieben Voraussetzungen profitieren.[47] Nichts desto trotz, haben die Finanzbehörden noch erheblichen Ermessensspielraum bei der Umsetzung der Härtefallregelung.

Auch sollte nicht vergessen werden, dass es bei einer positiven Entscheidung der Finanzbehörde, nur zu einer vorläufigen Befreiung der Pflicht zur Übermittlung der Steuererklärung mittels amtlich vorgeschriebenen Datensatzes durch Datenfernübertragung kommt.

Diese in § 150 Absatz 8 AO beschriebenen Härtefälle haben ihre Gewinnermittlungsunterlagen nach § 60 Absatz 1 EStDV in bekannter physikalischer Form, der Steuererklärung beizulegen. Entscheidet sich die Finanzbehörde gegen den Härtefallantrag, greift wie gewohnt § 5b EStG, was zur Folge hat, dass eine E-Bilanz einzureichen ist.[48]

---

[47] Vgl. BT-Drucksache 16/10940, http://dip21.bundestag.de/dip21/btd/16/109/1610940.pdf , S.10. (Abruf 30.August 2012).
[48] Vgl. Althoff/Arnold/Polka/Jansen/Wetzel, Die neue E-Bilanz, S.31.

8. Sanktionen

Falls ein Unternehmen unter die Vorschriften des § 5b Absatz 1 EStG fällt und die Härtefallregelung des § 5b Absatz 2 EStG in Verbindung mit § 150 Absatz 8 AO keine Anwendung findet, sind die Bilanz- und Gewinn- und Verlustrechnungsdaten zwingend in elektronischer Form zu übermitteln.[49] Geschieht dies nicht, kann die Verpflichtung zur elektronischen Übermittlung der E-Bilanz, gegebenenfalls mit der Androhung und Festsetzung von Zwangsgeldern nach §§ 328 ff. AO durchgesetzt werden.[50] Somit kann bei einer Nichtabgabe ein Zwangsgeld von bis zu 25.000,-€ folgen (§ 329 AO).

Demgegenüber dürfte nach derzeitigem Stand, eine fälschliche Leerübermittlung oder ein unrichtiger Wert bei einzelnen Positionen, nicht sanktioniert werden.[51] Auch eine absichtlich unrichtige Datenübertragung ist gegenwertig nicht sanktionierbar. Diese fehlende Vollständigkeit, soll aber seitens der Finanzverwaltung, durch technische Plausibilitätskontrollen erkannt werden, was zur Folge hat, dass unschlüssige Daten abzuweisen sind.[52]

---

[49] Vgl. Althoff/Arnold/Polka/Jansen/Wetzel, Die neue E-Bilanz, S.31.
[50] Vgl. BMF vom 19. Januar 2010, Rz. 4, IV C 6 – S 2133-b/0 2009/0865962.
[51] Vgl. Wittkowski/Knopf, E-Bilanz als aktuelle Herausforderung an das unternehmerische Rechnungswesen, BC 2011, S,255 (257).
[52] Vgl. Althoff/Arnold/Polka/Jansen/Wetzel, Die neue E-Bilanz, S.32.

9. Pilotphase der E-Bilanz 2011

In der Pilotphase vom 2.Februar bis 30.Juni 2011 konnten Testdaten eingeschickt und ausgewertet werden, um die Durchführbarkeit der E-Bilanz nachzuweisen. So nutzen zahlreiche Unternehmen die Möglichkeit, mittels einer Test-Steuernummer, an der Pilotierung teilzunehmen. Insgesamt waren 84 Unternehmen aktiv beteiligt, was wiederum eine Übermittlung von 68 Datensätzen, sowie einer Generierung von 54 Evaluierungsbögen, ermöglichte.[53]

Ziel war es, die technischen Anforderungen der E-Bilanz an praktischen Beispielen zu testen, sowie inhaltliche Erkenntnisse zur Optimierung der Steuertaxonomie zu generieren, um diese weiter zu verbessern. Das Ergebnis zeigt, dass den betroffenen Unternehmen, mit der Pflicht zur Abgabe der Bilanz sowie Gewinn- und Verlustrechnung nach amtlich vorgeschrieben Datensatz durch Datenfernübertragung, nichts Unmögliches abverlangt wird.[54]

Die Finanzverwaltung musste hier jedoch erkennen, dass betroffene Unternehmen, für die Schaffung der technischen und prozessualen Voraussetzung zur Übermittlung der E-Bilanz, mehr Zeit benötigen. Gerade der anfängliche Zeitaufwand für die Integration der E-Bilanz in die entsprechende Software sowie in die Unternehmensprozesse, ist auch von der Finanzverwaltung als problematisch erkannt worden.[55]

Darüber hinaus ist anzuführen, dass bei einigen Fällen nicht so umfangreich berichtet wurde, wie dies die Finanzverwaltung vorsah. So verwendeten die teilnehmenden Unternehmen, von den 599 Positionen, der ursprünglichen Taxonomie für die Bilanz, im Schnitt nur 48 Positionen. Bei 31% der Fälle, verwendeten die an der Pilotphase Beteiligten, sogar weniger als 30 Positionen. Von den 534 möglichen Positionen der ursprünglich für die Gewinn- und Verlustrechnung konzipierten Taxonomie, wurden im Durchschnitt nur 63 Positionen genutzt.[56]

So kristallisierte sich heraus, dass die Steuertaxonomie überarbeitet werden müsse. Nach der Pilotierung wurde bei 13 Positionen die Mussfeldeigenschaft gestrichen, 30

---

[53] Vgl. Hicking, Erfahrungen aus der Pilotphase zur E-Bilanz, http://www.youtube.com/watch?v=t58Sc4WPUXc, Minute 4:21 (Abruf 31.August 2012).
[54] Vgl. Klein, Die E-Bilanz aus Sicht der Finanzverwaltung, BBK 2011, Beilage zu Heft 23, S.24 (25).
[55] Vgl. Klein, Die E-Bilanz aus Sicht der Finanzverwaltung, BBK 2011, Beilage zu Heft 23, S.24 (25).
[56] Vgl. Haag/ Viskorf, Bericht zum 6. Münchner Unternehmenssteuerforum: „Die E-Bilanz kommt 2012", DStR 2011, Beiheft zu Heft 48, S.101 (104).

neue Auffangpositionen eingefügt, sowie 54 fakultative Positionen in die Taxonomie aufgenommen.[57]

Nichts desto trotz zeigte sich, dass die Mehrzahl der an der Pilotphase beteiligten Unternehmen, grundsätzlich Befürworter der E-Bilanz sind und in ihr auch Synergieeffekte für Abläufe im eigenen Unternehmen erkennen.[58]

---

[57] Vgl. Hülshoff, Markus/Kolbe Sebastian: Konsens: Projekt E-Bilanz Aktueller Stand der Taxonomien, http://www.bundesfinanzministerium.de/Content/DE/Downloads/Abt_4/001_g.pdf?__blob=publicationFile&v=3 S.15. (Abruf 31.August 2012).
[58] Vgl. Klein, Die E-Bilanz aus Sicht der Finanzverwaltung, BBK 2011, Beilage zu Heft 23, S.24 (25).

10. Taxonomie

Da die Taxonomie den wesentlichen Bestandteil der E-Bilanz darstellt, wird im Folgenden ihre technische Komponente, die HGB-Taxonomie als Ausgangsbasis, die gesetzliche Grundlage der Steuertaxonomie, sowie die unterschiedlichen Taxonomiearten und Berichtsbestandteile der Taxonomie, näher beschrieben.

10.1. Taxonomie und ihre technische Komponente

Das in Punkt 4 beschriebene Übermittlungsverfahren XBRL, welches auf der XML (eXtensible Markup Langueage) beruht und speziell zum Datenaustausch von Finanzinformationen entwickelt wurde, stellt lediglich die Sprach- und Syntaxregeln zur Verfügung. Erst durch die Zuordnung einer Taxonomie, die als das Sprachgerüst oder Vokabular anzusehen ist, macht der Datenaustausch mittels XBRL Sinn.

Die Taxonomie hat in diesem Zusammenhang, wie zunächst vermuten lässt, wenig mit dem englischen Begriff „Tax" für Steuern gemein, sondern lässt sich vielmehr, aus dem griechischen taxis = (An-) Ordnung sowie nomos = Gesetz ableiten.[59]

Erst nach Einigung des Senders und Empfängers, auf eine oder mehrere Taxonomien, lässt sich ein standardisierter Datenaustausch, sowie die automatische Weiterverarbeitung dieser Finanzdaten realisieren. Somit handelt es sich bei einer Taxonomie, um eine Begriffsbibliothek, welche die Elemente eines Unternehmens inhaltlich definiert und ihre Beziehung untereinander festlegt.[60] In der Fachliteratur wird die Taxonomie häufig mit einer Art Kontenrahmen verglichen.[61]

Die nach einer Taxonomie angeordneten Datensätze werden als Instanzen bezeichnet. Eine Taxonomie setzt sich immer aus den beiden Bestandteilen Schema-Document und Linkbases zusammen.[62] Die im Schema-Document enthaltenen Informationsbestandteile werden als Concepts bezeichnet. Diese kleinste zur Übermittlung vorgesehene Informationseinheit, kann in mehrere zusammengefasst werden, was wiederum einen Tupel darstellt.[63] Concepts und Tupels sind zunächst ohne inhaltlicher und ma-

---

[59] Vgl. Herzig/Briesemeister/Schäperclaus, E-Bilanz und Steuer-Taxonomie, DB 2010, Beilage Nr.5 zu Heft 41, S.1 (5).
[60] Vgl. Herzig/Briesemeister/Schäperclaus, E-Bilanz und Steuer-Taxonomie, DB 2010, Beilage Nr. 5 zu Heft 41, S.1 (5-6).
[61] Vgl. Althoff/Arnold/Polka/Jansen/Wetzel, Die neue E-Bilanz, S.53.
[62] Vgl. Herzig/Briesemeister/Schäperclaus, E-Bilanz und Steuer-Taxonomie, DB 2010, Beilage Nr.5 zu Heft 41, S.1 (6).
[63] Vgl. Althoff/Arnold/Polka/Jansen/Wetzel, Die neue E-Bilanz, S.53.

thematischer Beziehung. Eine Verknüpfung der Concepts wird über sogenannte Linkbases erreicht.[64]

Concepts werden mittels bestimmter Attribute und Referenzen bestimmt. So stellt der Name des Concepts, als zentrales Attribut, den eindeutig zu identifizierenden Primärschlüssel eines Elements.[65] Diese eindeutig bestimmte Kennziffer wird für jedes Concept nur einmalig vordefiniert.

Folgendes Beispiel veranschaulicht dies anhand „Unbebaute Grundstücke" abgeleitet aus dem E-Bilanz Schema-Document.

> **„bs.ass.fixAss.tan.landBuildings.landWithoutBuildingsDatentypMonetärer WertPosition in der BilanzAktivseite („Soll") ZeitbezugStichtagswert-Eingabe „NIL" erlaubt?JA"**

Quelle: Herzig/Briesemeister/Schäperclaus, E-Bilanz und Steuer-Taxonomie, DB 2010, Beilage Nr.5 zu Heft 41, S.6.

Somit ist genau vordefiniert, dass es sich um ein Concept der Bilanz (bs), auf der Aktivseite (ass), Teil des Anlagevermögens (fixAss) unter den Sachanlagen (tan), handelt. Auch lässt sich mit dem Namen erkennen, dass es sich um eine Position „Grundstücksgleicher Rechte und Bauten einschließlich der Bauten auf fremden Grundstück" (landBuildings) und hier unter den „unbebauten Grundstücken" (landWithoutBuildings) handeln muss.[66] Hierzu vergleiche Kapitel 4.

Mit dem Attribut "Datentyp" (type) lässt sich nun bestimmen, mit welchem Wert das Concept zu befüllen ist.[67] So gibt es in der Taxonomie „string" als Texteingabe, was vorwiegend bei Erläuterungen des Anhangs Anwendung findet, „monetary" als Zahlenwert oder „date" als Datumsangabe.[68]

Ein Zeitraumbezug lässt sich mittels der Referenzen zeitpunktbezogen „instant" oder zeitraumbezogen „duration" ableiten. Auch ob eine Position zwingend berichtet werden muss, wird mittels Attribute „nillable" bestimmt.

---

[64] Vgl. Althoff/Arnold/Polka/Jansen/Wetzel, Die neue E-Bilanz, S.53.
[65] Vgl. Herzig/Briesemeister/Schäperclaus, E-Bilanz und Steuer-Taxonomie, DB 2010, Beilage Nr.5 zu Heft 41, S.1 (6).
[66] Vgl. Herzig/Briesemeister/Schäperclaus, E-Bilanz und Steuer-Taxonomie ,DB 2010, Beilage Nr.5 zu Heft 41, S.1 (6).
[67] Vgl. Herzig/Briesemeister/Schäperclaus, E-Bilanz und Steuer-Taxonomie, DB 2010, Beilage Nr5 zu heft 41, S.1 (7).
[68] Vgl. Althoff/Arnold/Polka/Jansen/Wetzel, Die neue E-Bilanz, S.54.

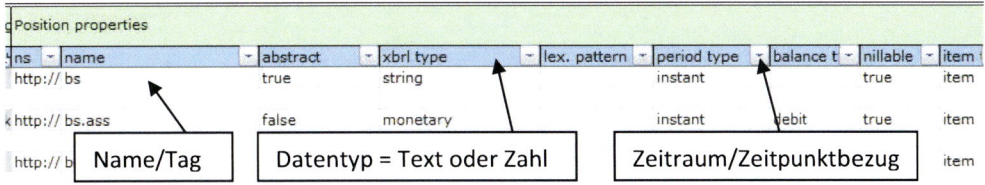

Abbildung 5: Technische Komponente der Taxonomie

Quelle: Kerntaxonomie 5.1.

Wie schon erwähnt, ermöglichen Linkbases die Zuordnung und Vergabe von Beziehungen der einzelnen Concepts. Unterschieden werden hier vier verschiedene XBRL Linkbasetypen. So bestimmen Presentation Linkbase die optische und hierarchische Darstellung. Mit den Calculation Linkbase lässt sich eine rechnerische Verknüpfung der einzelnen Positionen ableiten. Jedoch können hier Concepts nur addiert und subtrahiert werden, wenn diese denselben Zeitbezug vorweisen.[69]

Erwähnenswert sei hierbei, dass nur bei rechnerischer Richtigkeit, welche mittels Linkbase überprüft werden, eine Übermittlung der E-Bilanz an die Finanzverwaltung stattfindet.

Des Weiteren gibt es Label Linkbase, welche Übersetzungen zu den kryptischen Concepts enthalten und diese in eine lesbare Form umwandeln. Nicht nur die Bereitstellung einer Übersetzung des Concepts in verschiedene Sprachen, sondern auch eine fachliche Inhaltshinterlegung, ist hier vorgesehen.[70]

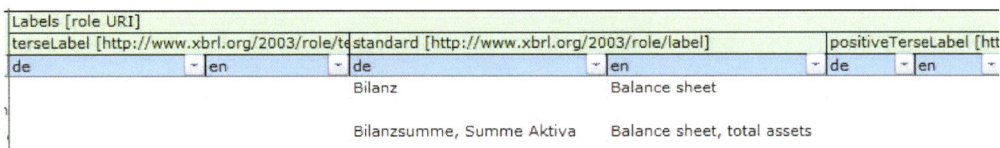

Abbildung 6: Label Linkbase

Quelle: Kerntaxonomie 5.1.

Reference Linkbase verweisen auf Gesetzesfundstellen oder Kommentare. Diese sollten jedoch keine umfangreichen Textfelder enthalten, sondern lediglich eine Verlinkung auf unterschiedliche fachliche Ressourcen vornehmen.[71]

---

[69] Vgl. Herzig/Briesemeister/Schäperclaus, E-Bilanz und Steuer-Taxonomie, DB 2010, Beilage Nr.5 zu Heft 41, S.1 (7).
[70] Vgl. Althoff/Arnold/Polka/Jansen/Wetzel, Die neue E-Bilanz, S.55.
[71] Vgl. Herzig/Briesemeister/Schäperclaus, E-Bilanz und Steuer-Taxonomie, DB 2010, Beilage Nr.5 zu Heft 41, S.1 (7).

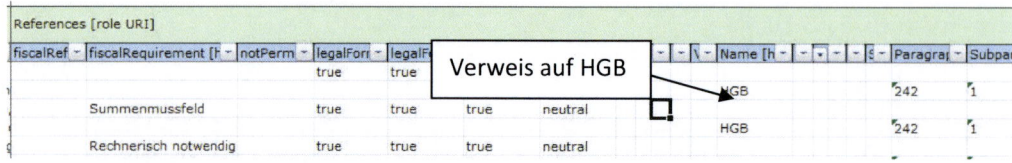

Abbildung 7: Reference Linkbase

Quelle: Kerntaxonomie 5.1.

Diese Linkbase ermöglichen der Finanzverwaltung einen Verweis auf die gesetzlichen Rechtsquellen, Verwaltungsanweisungen und Fundstellen aus Kommentaren.

10.2. Die HGB-Taxonomie als Ausgangsbasis der Steuertaxonomie

Nach dem BMF-Schreiben vom 19.Januar 2010 ist als Grundlage der Steuertaxonomie, die aktuelle HGB-Taxonomie 4.0 des XBRL-Deutschland e.V., veröffentlicht am 31.Oktober 2010, als Ausgangsbasis heranzuziehen. Inhaltlich bildet die HGB-Taxonomie, dass derzeit angewandte Bilanzrecht, kodifizierte Rechtsquellen, wie die Gliederungsvorgaben der §§ 266 und 275 HGB, ebenso nicht kodifizierte Grundsätze ordnungsmäßiger Buchführung ab und berücksichtigt die herrschende Literatur bzw. Kommentierung, sowie Gepflogenheiten der Praxis.[72] Nach den handelsrechtlichen Rechnungslegungsvorschriften, werden als Bestandteile der HGB-Taxonomie die „Bilanz", „Gewinn und Verlustrechnung", „Ergebnisverwendung", „Kapitalkontenentwicklung" und „Anhang" umfassend abgebildet.[73]

Die Bestandteile „Bilanz" und „Gewinn- und Verlustrechnung" der HGB-Taxonomie, orientieren sich an den Gliederungsschemata des § 266 HGB (Bilanz) und § 275 HGB (Gewinn- und Verlustrechnung). Nach Fassung der HGB-Taxonomie sind hier, die einzelnen Positionen jedoch wesentlich detaillierter aufgeschlüsselt, um sämtliche, den Unternehmen zur Verfügung stehenden Sachverhalte, abzubilden.[74] Somit deckt die HGB-Taxonomie eine Vielzahl von Unternehmen, unabhängig ihrer Rechtsform, Größe oder Brachen spezifischer Erleichterungen ab.[75]

Die vollständig ausgerichtete HGB-Taxonomie umfasst 3500 Informationselemente, welche jedoch keine Berichtsinhalte erzwingen. Somit enthält sie nur Positionen die ausgewiesen werden können, jedoch nicht zwingend erforderlich sind. Welche Positio-

---

[72] Vgl. Koch/Nagel/Maltseva, E-Bilanz – rationell und richtig umsetzen, S.52.
[73] Vgl. Herzig/Briesemeister/Schäperclaus, E-Bilanz und Steuer-Taxonomie, DB 2010, Beilage Nr.5 zu Heft 41, S.1 (8).
[74] Vgl. Koch/Nagel/Maltseva, E-Bilanz – rationell und richtig umsetzen, S.53.
[75] Vgl. Koch/Nagel/Maltseva, E-Bilanz – rationell und richtig umsetzen, S.54.

nen letztlich verwendet werden, liegt im Ermessen des jeweiligen Unternehmens und orientiert sich an dessen Reportingzweck. So kann für Bestimmungen der Offenlegung von Jahresabschlussdaten nach EHUG, unter Berücksichtigung der größenabhängigen Erleichterungen nach HGB, nur auf einen Minimalumfang der Taxonomie zurückgegriffen werden.[76]

Um die HGB-Taxonomie als Ausgangsbasis der E-Bilanz heranzuziehen, wurde diese nach Ermächtigung der Finanzverwaltung eine eigene Steuertaxonomie zu entwickeln, erheblich erweitert. So ist der Anlagespiegel komplett überarbeitet und in eine tabellarische Dimension ausgelagert, die Bilanz um 186 Positionen erweitert und 219 Positionen in der Gewinn- und Verlustrechnung hinzugefügt worden.[77]

10.3. Die Steuertaxonomie und ihre gesetzliche Grundlage

Eine gesetzliche Definition der Taxonomie ist aus der heutigen Rechtsprechung nicht ersichtlich.[78] Die Bedeutung des in § 5b EStG festgelegten, amtlich vorgeschriebenen Datensatzes besagt nur, dass die Finanzverwaltung festlegen darf, welche Daten in welcher Form zu übermitteln sind. Nach § 51 Absatz 4 Nummer 1b EStG ist das BMF dazu ermächtigt, im Einvernehmen mit den obersten Finanzbehörden der Länder, den Mindestumfang der in § 5b EStG zu übermittelnden E-Bilanz zu bestimmen. Mit dem BMF-Entwurfsschreiben vom 31.August 2010 ist das allgemeine Datenschema der Taxonomie, als amtlich vorgeschriebener Datensatz nach § 5b EStG veröffentlicht.[79] Gemäß Heinsen/Adrian ist „nach amtlich vorgeschriebenem Datensatz" im Grundsatz durch Steuertaxonomie zu ersetzen.

Auf die Regelung des § 51 Absatz 4 Nummer 1b EStG, bezieht sich sowohl das BMF Ermächtigungsschreiben zu erlassen, als auch die Finanzverwaltung, den Mindestumfang der zu übermittelnden Daten festzulegen.[80]

Dies wird in der Fachliteratur als kritisch betrachtet. So ist ersichtlich, dass mit § 51 Absatz 4 Nummer 1b EStG die Form der Ermächtigung nicht näher bestimmt wird. Auf eine Rechtsverordnung wie in § 51 Absatz 4 Nummer 1c EStG wird in Nummer 1b nicht eingegangen. Somit ist es fraglich, ob BMF-Schreiben, welche lediglich als Ver-

---

[76] Vgl. Herzig/Briesemeister/Schäperclaus, E-Bilanz und Steuer-Taxonomie, DB 2010, Beilage Nr.5 zu Heft 41, S.1 (8).
[77] Vgl. Herzig/Briesemeister/Schäperclaus, E-Bilanz und Steuer-Taxonomie, DB 2010, Beilage Nr.5 zu Heft 41, S.1 (8).
[78] Vgl. Heinsen/Adrian, E-Bilanz. Grundlegende Fragen zum Anwendungsbereich, DStR 2010, 2591(2595).
[79] Vgl. Heinsen/Adrian, E-Bilanz. Grundlegende Fragen zum Anwendungsbereich, DStR 2010, 2591(2595).
[80] Vgl. Rätke, Taxonomie ohne Rechtsgrundlage!, BBK, Beilage 01/2011, S.3.

waltungsvorschriften zu deuten sind, durch die rechtliche Grundlage des § 51 Absatz 4 Nummer 1b EStG gestützt werden.[81]

Auch der Mindestumfang, welcher in Kapitel 11 nochmals aufgeführt wird, beruht auf dem Gesetzeswortlaut des § 51 Absatz 4 Nummer 1b EStG. Da dieser aber bei weitem die Gliederungstiefe des § 266 HGB und § 275 HGB übertrifft, ist dies auch als äußert kritisch einzuordnen.

Wie schon erwähnt gilt als Ausgangsbasis der Steuertaxonomie die HGB-Taxonomie 4.0. Die fachlichen und technischen Grundlagen der Steuertaxonomie werden von einer Arbeitsgruppe geklärt, welche sich aus Mitgliedern der Verwaltung und des XBRL Deutschland e.V. zusammensetzt. Als weitere Untergruppen ergaben sich die „Taxonomie Steuer", welche sich um fachliche Grundlagen bemüht und der sogenannten „IT-AG Taxonomie Steuer", die für technische Grundlagen zuständig ist. Hier wirkten Mitarbeiter der Finanzverwaltung, des BMF, Vertreter des XBRL Deutschlands e.V., der Bundessteuerberaterkammer, der Wirtschaftsprüferkammer, der Bundesrechtsanwaltskammer, der Spitzenverbände der deutschen Wirtschaft und führende Softwarehäuser zusammen.[82]

Diese Arbeitsgruppe erweiterte die HGB-Taxonomie zur Steuertaxonomie. So wurden beispielsweise umsatzsteuerliche Differenzierungen, zum Zweck der USt- Verprobung, oder präzise Angaben zu Beziehungen zwischen Gesellschaft und Gesellschafter, neu in die Taxonomie aufgenommen.[83]

Wie die nachfolgende Tabelle veranschaulicht, verdreifachte sich der durch die E-Bilanz geforderte Mindestumfang, der zu übermittelnden Bilanzdaten, für große und mittlere Kapitalgesellschaften, im Vergleich zu der von § 266 HGB definierten Gliederungstiefe. Für kleine Kapitalgesellschaften sind sogar achtmal so viele Angaben erforderlich wie § 266 HGB vorsieht.[84]

---

[81] Vgl. Rätke, Taxonomie ohne Rechtsgrundlage!, BBK, Beilage 01/2011, S.4.
[82] Vgl. Kußmaul/Weiler, Anforderungen der Finanzverwaltung an die „E-Bilanz", BBK 2010, S.776 (780).
[83] Vgl. Herzig/Briesemeister/Schäperclaus, Von der Einheitsbilanz zur E-Bilanz, DB 2011, S.1 (6).
[84] Vgl. Herzig/Briesemeister/Schäperclaus, Von der Einheitsbilanz zur E-Bilanz, DB 2011, S.1 (6).

Pflichtangaben in der Steuer-Taxonomie (Bilanz)

	Bilanz					
	Steuer-Taxonomie			§ 266 HGB		Sonstige
	Einzelunternehmer	PersGes.	Körperschaften	KapGes.		
				große/mittelgroße	kleine	
Gesamtfelder	416	550	465	62	62	
davon Pflichtfelder	171	219	178	62	23	Status: Pilottaxonomie !
davon						
„einfache" Mussfelder	48	64	45			Gliederungsvorgaben § 247 Abs. 1 HGB
Mussfelder, Kontennachweis erwünscht	34	45	33			
Summenmussfelder	31	38	32			
rechnerisch notwendig, wenn vorhanden	58	72	68			

Abbildung 8: Pflichtangaben in der Steuer-Taxonomie (Bilanz)

Quelle: Strube, Die E-Bilanz – Eine große Herausforderung für Ihre Mandanten, S.23.

Mit den Pflichtangaben zur E-Gewinn- und Verlustrechnung erhöhte sich der Informationsbedarf im Vergleich zu den in § 275 HGB vorgesehenen Daten um das Siebenfache für große und mittlere Unternehmen, für kleine Kapitalgesellschaften etwa um das Neunfache.[85]

---

[85] Vgl. Herzig/Briesemeister/Schäperclaus, Von der Einheitsbilanz zur E-Bilanz, DB 2011, S.1 (6).

Pflichtangaben in der Steuer-Taxonomie (GuV)

	GuV					Sonstige
	Steuer-Taxonomie			§ 275 HGB		
	Einzelunter-nehmer	PersGes.	Körperschaften	KapGes.		
				große/mittel-große	kleine	
Gesamtfelder	299	305	302	31	31	
davon Pflicht-felder	222	226	223	31	25	
davon						
„einfache" Mussfelder	129	133	129			Gliederungs-vorgaben § 247 Abs. 1 HGB
Mussfelder, Kontennachweis erwünscht	9	9	10			
Summenmuss-felder	41	41	41			
rechnerisch notwendig, wenn vorhanden	43	43	43			

Status: Pilottaxonomie!

Abbildung 9: Pflichtangaben in der Steuer-Taxonomie (GuV)

Quelle: Strube, Die E-Bilanz – Eine große Herausforderung für Ihre Mandanten, S.23.

Die Finanzverwaltung fordert, alle Positionen von Bilanz und Gewinn- und Verlustrechnung, deren Ansätze oder Beträge nicht den steuerlichen Vorschriften entsprechen, auf steuerliche Ansätze und Werte überzuleiten. Hier strebt die Finanzverwaltung den maximalen Umfang der elektronisch zu übermittelnden Daten an, um einen hohen Grad der Standardisierung zu erreichen.[86]

Die in der Fachliteratur geäußerte Kritik, an der doch sehr umfangreich und auf schwammiger Gesetzesgrundlage beruhenden E-Bilanz Taxonomie, ist durchaus berechtigt. Das BMF greift somit auf § 266 HGB und § 5 Absatz 1 EStG ein, ohne hierfür bestehende Ermächtigungen.[87]

Unabhängig davon, überarbeitet die Finanzverwaltung regelmäßig ihre Steuertaxonomie. Bei Bedarf einer Anpassung erfolgt die Erstellung einer neuen Taxonomie-Version, welche mittels BMF-Schreibens amtlich veröffentlich und mit eindeutigem Gültigkeitsdatum versehen wird. Die aktuelle Taxonomie ist immer im folgenden Wirtschaftsjahr nach Veröffentlichung anzuwenden.[88]

---

[86] Vgl. Herzig/Briesemeister/Schäperclaus, Von der Einheitsbilanz zur E-Bilanz, DB 2011, S.1 (6).
[87] Vgl. Rätke, Taxonomie ohne Rechtsgrundlage!, BBK, Beilage 01/2011, S.1 (4).
[88] Vgl. Pintka, Elektronische Bilanz-Übermittlung von Bilanzdaten-Taxonomie, S.6. (DATEV LEXinform, Stand 29.08.2012).

Taxo-nomie-Version	Freigabedatum	ERiC	Taxonomie zu verwenden für Wirtschaftsjahre die nach dem 31.12.xxxx beginnen	Übermittlungsmöglichkeit (ERiC Release) ab
5.0	14.09.2011	ERiC 16 „checkBilanz"	2011	31.05.2012
5.1	01.06.2012	Pandant zu Tax.5.1	2011 und 2012	voraussichtlich November 2012

Tabelle 3: Veröffentlichte Taxonomien

Quelle: Pintka, Elektronische Bilanz-Übermittlung von Bilanzdaten-Taxonomie, S.6. (DATEV LEXinform, Stand 29.08.2012)

Unter http://www.eSteuer.de sind alle verbindlichen Taxonomie-Datein, Visualisierungen, Hilfestellungen und Dokumentationen einzusehen.

10.4. Taxonomie-Arten

Die Steuertaxonomie lässt sich zunächst nicht individuell für einzelne Unternehmen erweitern, da die hier zur Übermittlung vorgesehenen Informationen automatisch weiterverarbeitet werden und folglich einen hohen Standardisierungsgrad aufweisen. Somit gibt es zunächst nur eine Taxonomie, welche alle denkbaren Fälle abbildet. Die Taxonomie weißt keine Unterschiede für Besonderheiten nach Rechtsformen, Unternehmensgrößen, oder zwischen Handelsbilanz mit Überleitungsrechnung und der originären Steuerbilanz auf.[89]

Abweichungen vom vorgesehenem Gliederungsschema und Verwendung unterschiedlicher Bezeichnungen einzelner Berichtspositionen sind nicht möglich. Dies betrifft vor allem Branchen mit speziellen Rechnungslegungsvorschriften, wie Banken, Versicherungen, Landwirte und Vereine, sowie Stiftungen und andere öffentlich-rechtliche Körperschaften, für die ein erheblicher Mehraufwand, beim Überleiten des handelsrechtlichen Abschlusses entstünde.[90]

Die Finanzverwaltung hat dies jedoch erkannt und weitere Taxonomiearten veröffentlicht. So gibt es Unterscheidungen in Kerntaxonomie, Branchentaxonomie und Spezialtaxonomie.

10.4.1. Kerntaxonomie

Die sogenannte Kerntaxonomie 5.0, oder aktuell seit Juni 2012 auch Kerntaxonomie 5.1, bildet das Grundschema der elektronisch zu übermittelnden Inhalte der Bilanz und Gewinn- und Verlustrechnung. Diese enthält Positionen für alle Rechtsformen, wobei hier wiederum nur solche Positionen zu befüllen sind, bei denen auch tatsächlich entsprechende Geschäftsvorfälle vorliegen. Somit wird die generelle Rechnungslegung des HGB von der Kerntaxonomie abgebildet.[91]

10.4.2. Branchentaxonomie

Die in Punkt 10.4.1. beschriebene Kerntaxonomie wurde noch um branchenspezifische Taxonomien erweitert. Hiermit soll den speziellen handelsrechtlichen Rechnungslegungsvorschriften für Banken und Versicherungen oder Krankenhäuser, Pflegeeinrichtungen, Verkehrsunternehmen, Wohnungsunternehmen und kommunalen Eigenbetrie-

---

[89] Vgl. Viskorf/Haag, Bericht zum 6.Münchner Unternehmenssteuerforum: „Die E-Bilanz kommt 2012", DStR 2011, S.101(102).
[90] Vgl. Wenk/Jagosch/Straßer, Die E-Bilanz- Ein Projekt mit Fallstricken, DStR 2011, S.586 (593).
[91] Vgl. Pintka, Elektronische Bilanz-Übermittlung von Bilanzdaten-Taxonomie, S.7. (DATEV LEXinform, Stand 29.08.2012).

ben, Rechnung getragen werden. Diese bilden die handelsrechtliche Bilanzgliederung des § 330 HGB ab.[92]

10.4.3. Spezialtaxonomie

Als Spezialtaxonomien werden die Gliederungsschemata nach amtlich vorgeschriebenem Datensatz bezeichnet, welche für Banken und Versicherungen einzuhalten sind. Des Weiteren gibt es noch Ergänzungstaxonomien für Land- und Forstwirte, Krankenhäuser, Pflegeeinrichtungen, Verkehrsunternehmen, Wohnungsunternehmen und kommunale Eigenbetriebe.[93]

10.5. Berichtsbestandteile der Steuertaxonomie

Die wesentlichen Berichtsbestandteile, welche § 5b EStG zu entnehmen sind, bilden die Bilanz, Gewinn- und Verlustrechnung, steuerliche Überleitungsrechnung und Steuerbilanz. Darüber hinaus hat die Finanzverwaltung im Anhang des BMF-Schriebens vom 28.September 2011 Anlage zu Rz.11, weitere verpflichtend einzureichende Berichtsbestandteile festgelegt. Diese bestehen aus den beiden Grundelementen Stammdaten-Modul (GCD-Modul) und Jahresabschluss-Modul (GAAP-Modul).

10.5.1. GCD-Modul (Stammdatenmodul)

Das GCD-Modul (Global Common Data) als Grund- und Stammdatenmodul, enthält 458 Zeilen mit 56 Mussfeldern, welche zwingend zu belegen sind.[94] In diesem Datenschema werden Informationen über das Dokument, den Bericht und das berichtende Unternehmen vorgeschrieben. So sind zahlreiche Angaben, wie die Rechtsform, Mutterunternehmen, Konsolidierungsumfang, Organschaftsverhältnisse, Gesellschafter- / Mitunternehmer oder Angaben zum Wirtschaftsprüfer zwingend zu veröffentlichen.[95]

10.5.2. GAAP-Modul (Jahresabschlussmodul)

Das Jahresabschlussmodul oder auch GAAP-Modul (Generally Accepted Accounting Principles) beinhaltet die Rechnungslegungsvorschriften, also folglich die Hauptbe-

---

[92] Vgl. Pintka, Elektronische Bilanz-Übermittlung von Bilanzdaten-Taxonomie, S.7. (DATEV LEXinform, Stand 29.08.2012).
[93] Vgl. Althoff/Arnold/Polka/Jansen/Wetzel, Die neue E-Bilanz, S.43.
[94] Vgl. Wenk/Jagosch/Straßer, Die E-Bilanz- Ein Projekt mit Fallstricken, DStR 2011, S.586 (587).
[95] Vgl. Polka/Jansen, Die E-Bilanz von A bis Z, S.16.

standteile des § 5b EStG.[96] Hierin enthalten ist ein Datenschema zur Übermittlung der gebräuchlichen Berichtsbestandteile für Unternehmen aller Rechtsformen und Größenordnungen.[97] So können zur Übermittlung, die Berichtsbestandteile Bilanz, Haftungsverhältnisse, Gewinn- und Verlustrechnung in den Varianten Gesamtkosten und Umsatzkostenverfahren, Ergebnisverwendung, Kapitalkontenentwicklung für Personenhandelsgesellschaften/Mitunternehmerschaften, Eigenkapitalspiegel, Kapitalflussrechnung, Anhang, steuerliche Modifikationen, Lagebericht und Bericht des Aufsichtsrats genutzt werden.[98]

Zwingend vorgeschrieben sind die Berichtsbestandteile Bilanz, Gewinn- und Verlustrechnung, Ergebnisverwendung, Kapitalkontenentwicklung, steuerliche Gewinnermittlung für Einzelunternehmen und Personengesellschaften, steuerliche Gewinnermittlung bei Personengesellschaften, steuerliche Gewinnermittlung bei Betrieben gewerblicher Art und wirtschaftlichen Geschäftsbetrieben, sowie steuerliche Modifikationen. Wenn bereits eine entsprechende Steuerbilanz erstellt wurde, ist die Übermittlung des Moduls „steuerliche Modifikationen", nicht zwingend erforderlich.[99]

Darüber hinaus beinhaltet das Stammdatenmodul auch Berichtkomponenten, die freiwillig elektronisch an die Finanzverwaltung übermittelt werden können.[100] Dies sind Haftungsverhältnisse, Eigenkapitalspiegel, Kapitalflussrechnung, Anhang, Lagebericht und Bericht des Aufsichtsrats.

Den Schwerpunkt der elektronischen Datenübermittlung bildet die Bilanz, Gewinn- und Verlustrechnung, sowie steuerliche Modifikation, auch Überleitungsrechnung genannt.[101]

10.6. ERiC- Schnittstelle

Schon seit dem Jahr 1999 ermöglicht das Projekt ELSTER, Arbeitnehmern, Unternehmen und Arbeitgebern, Steuererklärungen und bestimmte Meldungen elektronisch über das Internet zu übermitteln.[102] Von Seiten der Finanzverwaltung werden hierfür Elster-Formulare, ein kostenloses Steuerberechnungs- und Steuererklärungsprogramm, so-

---

[96] Vgl. Richter/Kruczynski/Kurz, E-Bilanz: Mindestumfang der steuerlichen Deklaration nach der geplanten Taxonomie, BB 2010, S.2489 (2491).
[97] Vgl. BMF-Entwurf 31.08.2010, Anlage zu Rz. 11, IV c 6-S2133-b/10/10001.
[98] Vgl. Koch/Nagel/Maltseva, E-Bilanz-rationell und richtig umstellen, S.75.
[99] Vgl. Wenk/Jagosch/Straßer, Die E-Bilanz- Ein Projekt mit Fallstricken, DStR 2011, S.586 (587).
[100] Vgl. Wenk/Jagosch/Straßer, Die E-Bilanz- Ein Projekt mit Fallstricken, DStR 2011, S.586 (587).
[101] Vgl. Koch/Nagel/Maltseva, E-Bilanz-rationell und richtig umstellen, S.76.
[102] Vgl. Richter/Kruczynski/Kurz, Die E-Bilanz: Ein Beitrag zum Steuerbürokratieabbau?, DB 2010, S.1604 (1606).

wie „ElsterOnline", ein allgemeines Dienstleistungsportal, dem Anwender zur Verfügung gestellt.[103]

Die Kommunikation der anwenderseitigen Softwareprogramme, welche die E-Bilanz erstellen, mit den Rechnern der Finanzverwaltung, erfolgt über eigens hierfür entwickelte Softwarekomponenten des Projekts ELSTER. Hierbei handelt es sich um die Validierungssoftware ERiC (Elster Rich Client), eine C-Programmbibliothek und COALA (Communication to Application Layer), eine Java Programmbibliothek, welche sich hinsichtlich der zu unterstützenden Steuerdaten, Betriebssysteme und des Ortes der Plausibilitätsüberprüfung unterscheiden.[104]

Die ELSTER-Clientsoftware ermöglicht es, die Daten der Steuererklärung aus den gängigen Buchungs-, Steuerberechnungs- und Steuererklärungsprogrammen heraus, elektronisch an die Finanzverwaltung zu übermitteln. Softwarehersteller wie DATEV, Lexware oder StoTax verwenden diese Schnittstelle, um die Kompatibilität, mit der von der Finanzverwaltung eingesetzten Software, sicher zu stellen.[105]

Die elektronische Übermittlung der E-Bilanz nach § 5b EStG, wird ausschließlich mit der ELSTER-Clientsoftware ERiC erfolgen. ERiC übermittelt die wichtigsten Steuerarten, steht jedoch nur Betriebssystemen unter Windows und Linux zur Verfügung. COALA hingegen bietet nur einen eingeschränkten Funktionsumfang.[106]

Nicht zu vergessen ist, dass ERiC weder eine Eingabemaske zur Verfügung stellt, noch XBRL-Daten generiert. Der zu übermittelnde Datensatz wird vielmehr innerhalb der Steuer-, Finanz- und Buchhaltungssoftware erzeugt, welche im Anschluss daran als XML-Datei an ERiC übergeben wird.[107]

Folgendes Schaubild zeigt die Funktionsweise der ERiC- Schnittstelle.

---

[103] Vgl. Koch/Nagel/Maltseva, E-Bilanz-rationell und richtig umstellen, S.91.
[104] Vgl. Richter/Kruczynski/Kurz, Die E-Bilanz: Ein Beitrag zum Steuerbürokratieabbau?, DB 2010, S.1604 (1606).
[105] Vgl. Koch/Nagel/Maltseva, E-Bilanz-rationell und richtig umstellen, S.91.
[106] Vgl. Richter/Kruczynski/Kurz, Die E-Bilanz: Ein Beitrag zum Steuerbürokratieabbau?, DB 2010, S.1604 (1606).
[107] Vgl. Richter/Kruczynski/Kurz, Die E-Bilanz: Ein Beitrag zum Steuerbürokratieabbau?, DB 2010, S.1604 (1606).

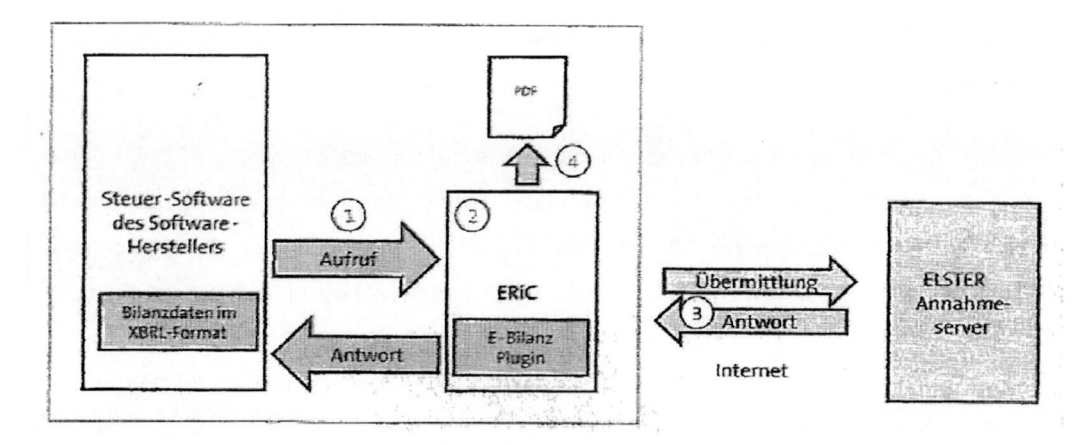

Abbildung 10: ERiC Funktionsweise

Quelle: Koch/Nagel/Maltseva, E-Bilanz-rationell und richtig umstellen, S.92.

1. Die Steuersoftware des Unternehmens erstellt die Bilanzdaten im XBRL-Format. Das ERiC-Tool wird aufgerufen, um die Daten zu bearbeiten.
2. Im ERiC wird eine Plausibilitätsprüfung vorgenommen.
3. Nun werden die Daten über das Internet an den ELSTER-Annahmeserver übermittelt.
4. Zuletzt folgt eine Rückmeldung der erfolgreichen Übermittlung.

Im ERiC erfolgt eine Plausibilitätsprüfung, welche wie folgt aussehen kann.[108]

- Instanzvalidierung gegen XBRL-Standard
- Prüfung auf Einhaltung der in der Taxonomie spezifizierten Struktur
- Formale Prüfung der Angaben zu monetären Positionen
- Vollständigkeitsprüfung bzgl. Oberpositionen/Zwischensummen
- Formatprüfung der Fußnoten, Textfelder und Formatierungen
- Mussfeldprüfung
- Kategorisierung Steuer-/Handelsbilanz
- Ausschluss unzulässiger Positionen
- Validierung von Kontensaldo-Einträgen
- Im Anschluss daran auf einzelne Positionen bezogene Detailprüfung

Darüber hinaus ist ERiC, für die Verschlüsselung, Komprimierung und Authentifizierung der zu übermittelnden Daten verantwortlich, versendet sie an die Finanzverwaltung und erzeugt eine Rückmeldung an den Anwender. Hier stellt sich noch die Frage,

---

[108] Vgl. Koch/Nagel/Maltseva, E-Bilanz-rationell und richtig umstellen, S.92-93.

ob die Prüfung, nach Erkennen eines Fehlers eingestellt wird, oder, wie vom Absender bevorzugt, möglichst viele Fehler auf einmal mitgeteilt werden.[109]

Ein in der Fachliteratur als kritisch gesehener Aspekt befasst sich mit der Haftungsproblematik für die Softwareersteller, welche keine Fremdsoftware in ihr EDV-System aufnehmen möchten. Hier sei vor allem die Frage zu klären, was bei technischen Fehlern und infolge dessen, bei Nichteinhaltung von Abgabefristen, geschehen soll. Da ERiC eine Plausibilitätsprüfung vor der eigentlichen Übermittlung der Daten vornimmt, kommt es bei Fehlern zu einer sofortigen Abweisung des Datensatzes. Somit gilt die E-Bilanz als nicht übermittelt. Die Abgabe in Papierform war jedoch selbst dann rechtsgültig, wenn das Dokument inhaltliche und rechnerische Fehler aufwies. Somit ist die elektronische Übermittlung restriktiver als die physische Einreichung des Jahresabschlusses.[110]

Darüber hinaus ist nicht zu vergessen, dass die Einführung dieser Validierungssoftware, keinerlei bürokratische Erleichterungen mit sich bringt. So ist in den Unternehmen, für jedes neue Übermittlungsverfahren, ein hoher Einführungs- und Pflegeaufwand verbunden, was wiederum mit Kosten einher geht.[111]

Die Softwareanbieter bevorzugen, schon auf Grund von Fehleranfälligkeiten und Gefahren durch Malware-Angriffe, eine Portallösung bei der durch die Buchhaltungssoftware aufbereitete Daten, bei der Finanzverwaltung abgeliefert werden, ohne die Einbindung einer Fremdsoftware.[112]

Dennoch besitzt die clientseitige Prüfung den Vorteil, dass ausschließlich valide und zuvor geprüfte Daten an die Finanzverwaltung übermittelt werden, was die mit der Übermittlung einhergehende Datenmenge auf den Rechnern der Finanzverwaltung enorm reduziert. Somit wird die Finanzverwaltung trotz harscher Kritik, wohl an ihrer ERiC-Schnittstelle festhalten.

---

[109] Vgl. Koch/Nagel/Maltseva, E-Bilanz-rationell und richtig umstellen, S.93.
[110] Vgl. Richter/Kruczynski/Kurz, Die E-Bilanz: Ein Beitrag zum Steuerbürokratieabbau?, DB 2010, S.1604 (1606).
[111] Vgl. Burlein, E-Bilanz- Die Analyse der Finanzverwaltungsvorgaben und ihre praktische Umsetzung beginnen jetzt, BBK 2011, Beilage zu Heft 23, S.18 (28).
[112] Vgl. Althoff/Arnold/Polka/Jansen/Wetzel, Die neue E-Bilanz, S.73.

11. Mindestumfang der zu übermittelnden Daten

Die gesetzliche Grundlage, welche der Finanzverwaltung ermöglicht, den Mindestumfang nach § 5b EStG festzulegen, ergibt sich aus § 51 Absatz 4 Nummer 1b EStG. Dieser besagt, dass das Bundesministerium der Finanzen dazu ermächtigt ist, im Einvernehmen mit den obersten Finanzbehörden der Länder, den Mindestumfang der nach § 5b EStG elektronisch zu übermittelnden Bilanz und Gewinn- und Verlustrechnung, zu bestimmen.

Der in der Steuertaxonomie durch „Mussfelder" und „Mussfelder, Kontennachweis erwünscht" definierte und vorgegebene Mindestumfang, ist zentraler Kritikpunkt der E-Bilanz.[113] So war zunächst unklar, inwieweit auf Grund des Mindestumfangs der E-Bilanz, ein Eingriff in die handelsrechtliche Buchführung notwendig ist, um die Anforderungen der Taxonomie umzusetzen.[114]

Die als Ausgangsbasis festgelegte HGB-Taxonomie, orientiert sich primär am Aufbau der Bilanz und Gewinn- und Verlustrechnung der §§ 266 und 275 HGB, geht jedoch schon was ihre Gliederungstiefe betrifft wesentlich weiter. Dies wird am Beispiel der Gliederung der Sachanlagen nach § 266 Absatz A.II HGB deutlich.

---

[113] Vgl. Richter/Kruczynski, Die Auswirkungen der Einführung der E-Bilanz auf Klein- und Kleinstbetriebe – Eine empirische Analyse, DStR 2012, S.919 (925).
[114] Vgl. Heinsen/Adrian, Anmerkung zum aktualisierten BMF-Entwurfsschreiben zur E-Bilanz, DStR 2011, S.1438 (1441).

Gliederungstiefe § 266 Absatz A.II HGB	Gliederungstiefe HGB-Taxonomie 4.0

II. Sachanlagen
  1. Grundstücke, grundstücksgleiche Rechte und Bauten einschließlich der Bauten auf fremden Grundstücken;
  2. Technische Anlagen und Maschinen;
  3. Andere Anlagen und Betriebs- und Geschäftsausstattung;
  4. Geleistet Anzahlungen und Anlagen im Bau;
	II. Sachanlagen:
	  1. Grundstücke, grundstücksgleiche Rechte und Bauten einschließlich der Bauten auf fremden Grundstücken;
	    1.1. Unbebaute Grundstücke;
	    1.2. Grundstücksgleiche Rechte ohne Bauten;
	    1.3. Bauten auf eigenen Grundstück und grundstücksgleichen Rechten;
	    1.4. Bauten auf fremden Grundstücken;
	  2. Technische Anlagen und Maschinen;
	    2.1. Technische Anlagen;
	    2.2. Maschinen und maschinengebundene Werkzeuge;
	    2.3. Betriebsvorrichtungen;
	    2.4. Reserve- und Ersatzteile;
	  3. Andere Anlagen und Betriebs- und Geschäftsausstattung;
	    3.1. Andere Anlagen;
	    3.2. Betriebsausstattung;
	    3.3. Geschäftsausstattung;
	  4. Geleistete Anzahlung und Anlagen im Bau;
	    4.1. Geleistete Anzahlung auf Sachanlagen;
	    4.2. Gebäude im Bau;
	    4.3. Technische Anlagen und Maschinen im Bau;
	  5. Sonstige Sachanlagen;
	    5.1. Vermietete Anlagenwerte;
	    5.2. Übrige sonstige Sachanlagen;

Tabelle 4: Gliederung der Sachanlagen nach § 266 HGB und HGB-Taxonomie 4.0

Quelle: Richter/Kruczynski/Kurz, Die E-Bilanz: Ein Beitrag zum Steuerbürokratieabbau?, DB 2010, S.1604 (1607-1608).

Die Gliederungstiefe der Steuertaxonomie geht jedoch noch um einiges weiter. So enthält die Taxonomie für Einzelunternehmen insgesamt rund 800 Positionen, davon entfallen ca. 465 Felder auf die Bilanz, 302 auf die Gewinn- und Verlustrechnung und mehr als 30 Positionen auf die Ergebnisverwendung. Auch die Taxonomie für Personengesellschaften geht mit ihren fast 1000 Positionen, deutlich über den durch die §§ 266 und 275 HGB definierten Gliederungsvorschiften hinaus. Nach § 266 HGB umfasst die Bilanz 62 Positionen, die Gewinn- und Verlustrechnung gemäß § 275 HGB insgesamt 31 Felder. Allein der Mindestumfang, welcher sich in den „Mussfeldern", „Summenmussfeldern" und „rechnerisch notwendigen Positionen" widerspiegelt, wurde im BMF Entwurfsschreiben vom 31.August 2010, für die Bilanz mit 166 Posten und für die Gewinn- und Verlustrechnung mit 187 Feldern festgelegt.[115]

Zwar wurde im Zuge des BilMoG, die Eigenständigkeit der Steuerbilanz bestätigt, jedoch ist auf Grund der Maßgeblichkeit aus der Buchführungs- und Aufzeichnungspflicht des § 140 AO sowie in § 5 Absatz 1 Satz 1 Halbsatz 1 EStG, den handelsrechtlichen Grundsätzen ordnungsmäßiger Buchführung, vorbehaltlich steuerliche Ansatz- und Bewertungsvorschriften, auch in der Steuerbilanz Folge zu leisten. Hierunter fallen die handelsrechtlichen Gliederungsvorschriften der Bilanz und Gewinn- und Verlustrechnung.[116]

Die nach § 51 Absatz 4 Nummer 1b EStG zwingend elektronisch zu übermittelnden Musspositionen sind in Folge dessen einer Steuerbilanz gleichzusetzen. Der Steuerpflichtige hat zwar nach wie vor die Möglichkeit, eine Handelsbilanz zu erstellen, jedoch muss er diese, um Positionen die nicht den steuerlichen Vorschriften entsprechen, im Rahmen einer standardisierten Überleitungsrechnung, auf steuerliche Musspositionen überleiten. Somit umfasst die Überleitungsrechnung nicht nur Daten auf Grund von Ansatz- und Bewertungsunterschieden, sondern auch eine Umgliederung der Positionen.[117]

Die Fachliteratur kritisiert, dass auf Grund der schon in der Buchführung zu berücksichtigenden Musspositionen, ein erheblicher Mehraufwand für die Unternehmen zu erwarten ist. So müssen gegebenenfalls neue Konten eingerichtet oder systematisch an die Steuertaxonomie angepasst werden.[118] Die Erweiterung der Gliederungstiefe nach §§ 266 und 275 HGB hat demzufolge erhebliche Auswirkungen auf das Buchungsverhalten vieler Unternehmen.

Um einen Eingriff in das Buchhaltungsverhalten des Steuerpflichtigen zu vermeiden, sieht das BMF nun vor, Mussfelder nicht mit Daten zu befüllen und Auffangspositionen als Ersatz zu verwenden.[119]

---

[115] Vgl. Wenk/Jagosch/Straßer, Die E-Bilanz- Ein Projekt mit Fallstricken, DStR 2011, S.586 (588).
[116] Vgl. Richter/Kruczynski/Kurz, Die E-Bilanz: Ein Beitrag zum Steuerbürokratieabbau?, DB 2010, S.1604 (1608).
[117] Vgl. Richter/Kruczynski/Kurz, Die E-Bilanz: Ein Beitrag zum Steuerbürokratieabbau?, DB 2010, S.1604 (1608).
[118] Vgl. Heinsen/Adrian, Anmerkung zum aktualisierten BMF-Entwurfsschreiben zur E-Bilanz, DStR 2011, S.1438 (1441).
[119] Vgl. Hechtner/Sielaff, Die E-Bilanz in den Startlöchern, BBK 2011, Beilage zu Heft 23, S.29 (33).

Mit dem vorgeschrieben Mindestumfang der elektronisch zu übermittelnden Bilanz und Gewinn- und Verlustrechnung, wird dem Ziel, möglichst standardisierte Jahresabschlüsse zu erhalten, Rechnung getragen. Dies ermöglicht der Finanzverwaltung, der übermittelten E-Bilanz, einer gezielten Prüfung zu unterziehen und die Einschätzung des steuerlichen Risikopotenzials vorzunehmen.[120]

---

[120] Vgl. Richter/Kruczynski/Kurz, E-Bilanz: Mindestumfang der steuerlichen Deklaration nach der geplanten Taxonomie, BB 2010, S.2489 (2490).

11.1. Empirische Untersuchung des vorgeschriebenen Mindestumfangs

Um der Frage nachzugehen, ob der zu übermittelnde Mindestumfang in der Wirtschaft und bei den Steuerberatern als zu umfangreich angesehen wird, befasste sich hiermit eine empirische Analyse des DStR.

Folgendes Diagramm veranschaulicht, wie die Steuerberater den geforderten Mindestumfang der E-Bilanz beurteilen.

Steuerberater

- zu umfangreich: 60%
- angemessen: 17%
- zu gering: 6%
- keine Angaben: 17%

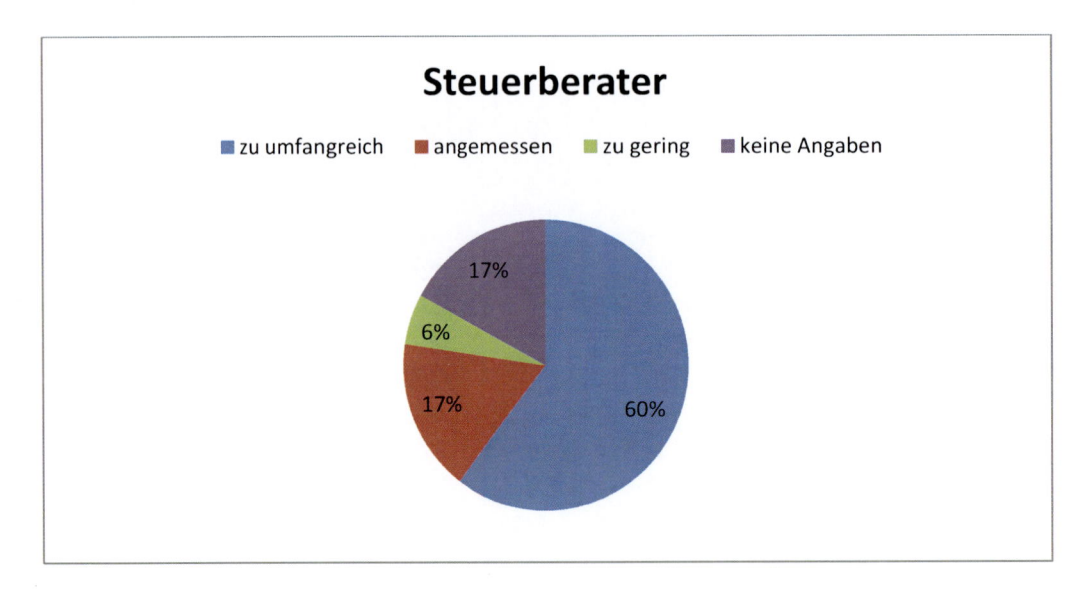

Abbildung 11: empirische Analyse des Mindestumfangs bei Steuerberatern

Quelle: Richter/Kruczynski, Die Auswirkungen der Einführung der E-Bilanz auf Klein- und Kleinstbetriebe – eine empirische Analyse, DStR 2012, S.919 (921).

Wie aus obigem Schaubild ersichtlich, empfinden 60,4% der befragten Steuerberater, den mit der Steuertaxonomie definierten Mindestumfang als zu umfangreich, 17% der Steuerberater empfinden die Gliederungstiefe als angemessen, 6% als zu gering.

Nachfolgendes Diagramm befasst sich mit der Auffassung der Klein- und Kleinstbetriebe, zu dem Mindestumfang der Steuertaxonomie.

Klein- und Kleinstbetriebe

- zu umfangreich: 26%
- angemessen: 26%
- zu gering: 4%
- keine Angaben: 44%

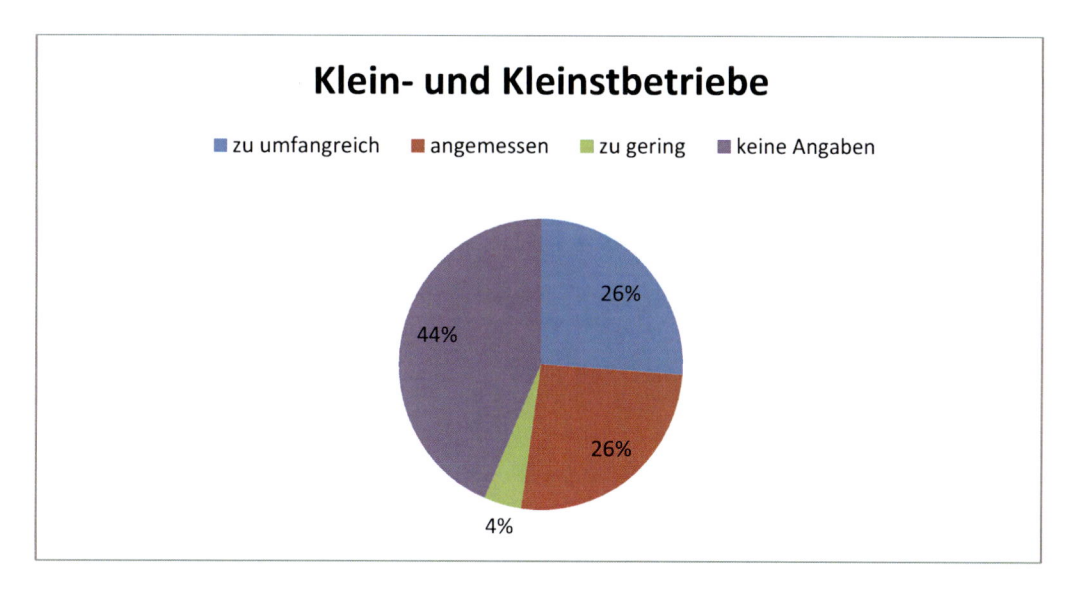

Abbildung 12: empirische Analyse bei Klein- und Kleinstbetrieben

Quelle: Richter/Kruczynski, Die Auswirkungen der Einführung der E-Bilanz auf Klein- und Kleinstbetriebe – eine empirische Analyse, DStR 2012, S.919 (921).

Lediglich 26,1% der befragten 6650 Unternehmen, welche als Klein- und Kleinstbetriebe anzusehen sind, empfinden den durch die Taxonomie definierten Mindestumfang als zu umfangreich, 26,1% klassifizieren ihn als angemessen, 4,3% als zu gering.

Der Anteil der Befragten, welcher keine Angaben machen konnte, resultiert mit hoher Wahrscheinlichkeit aus der unzureichenden Beschäftigung mit der Taxonomie.

11.2. Feldeigenschaften der Taxonomie

Im Folgenden werden die Positionsfelder der Taxonomie näher betrachtet, welche sich in „Mussfelder", „Mussfelder, Kontennachweis erwünscht", „Summenmussfelder und rechnerisch notwendige Positionen" sowie „Auffangpositionen" unterscheiden.

11.2.1. Mussfelder und NIL-Werte

Die in der Taxonomie als „Mussfelder" gekennzeichneten Positionen sind, wie dem Namen bereits zu entnehmen, unabhängig von der Rechtsform und Größe des Unternehmens, zwingend zu befüllen.[121] Diese bestimmen somit den Mindestumfang des amtlich vorgeschriebenen Datensatzes des § 5b EStG. Mit Hilfe der in Punkt 10.5.3. beschrieben ERiC-Schnittstelle wird elektronisch überprüft, ob alle „Mussfelder" im Datensatz enthalten sind. Ist dies nicht der Fall, erscheint eine Fehlermeldung und der Datensatz wird nicht an die Finanzverwaltung übermittelt.

Hier sei nochmals darauf zu achten, dass mit Hilfe der ERiC-Schnittstelle, lediglich eine formale Prüfung auf Vollständigkeit stattfindet und bei der Validierung, nicht auf die konkreten Werte der „Mussfelder" eingegangen wird.[122]

Nach massiver Kritik der Wirtschaft, auch schon im Vorfeld der Pilotphase (siehe Punkt 9), wobei die Gliederungstiefe der Taxonomie als zu umfangreich und nicht verhältnismäßig angesehen wurde, hat das BMF mit dem BMF-Schreiben vom 28.September 2011 die Möglichkeit geschaffen, für bestimmte Datenfelder einen NIL-Wert (Not in List) zu übermitteln.[123] So soll ein „Mussfeld" nicht mit einem Wert befüllt werden, soweit diese Position nicht in der ordnungsmäßigen Buchführung geführt wird, oder dieses „Mussfeld" nicht aus der Buchführung ableitbar ist. Die Ableitbarkeit eines Wertes aus der Buchführung als Ganzes, ergibt sich grundsätzlich, wenn er sich aus den Buchführungsunterlagen im Sinne des § 140 AO erschließen lässt.[124]

Anhand des Beispiels Beteiligungen aus der Kerntaxonomie lässt sich die Verwendung von „NIL-Werten" veranschaulichen.

---

[121] Vgl. Polka/Jansen, Die E-Bilanz von A bis Z, S.23.
[122] Vgl. Heinsen/Adrian, Anmerkung zum aktualisierten BMF-Entwurfsschreiben zur E-Bilanz, DStR 2011, S.1438 (1442).
[123] Vgl. Klein, Die E-Bilanz aus Sicht der Finanzverwaltung, BBK 2011, Beilage zu Heft 23, S.24 (27).
[124] Vgl. Pienka, Elektronische Bilanz – Übermittlung von Bilanzdaten – Taxonomie – Lexikon des Steuerrechts, S.10. (DATEV LEXinform Aufruf 29.08.2012).

Kerntaxonomie 5.1											
section	le	label					xbrl type	lex. patt	period	balance	nillable
Bilanz [http	6	davon Ausleihungen an Tochterunternehmen	1	2	3	4	monetary		instant	debit	true
Bilanz [http	5	Ausleihungen an verbundene Unternehmen, soweit aus der/d	1				monetary		instant	debit	true
Bilanz [http	5	Beteiligungen	1	2	3	4	monetary		instant	debit	true
		[reference only]									
		[reference only]									
Bilanz [http	6	davon Beteiligungen an assoziierten Unternehmen	1	2	3	4	monetary		instant	debit	true
Bilanz [http	6	davon Anteile an Joint Ventures	1	2	3	4	monetary		instant	debit	true
Bilanz [http	6	Beteiligungen an Personengesellschaften	1	2	3	4	monetary		instant	debit	true
		[reference only]									
		[reference only]									
Bilanz [http	6	Beteiligungen an Kapitalgesellschaften	1	2	3	4	monetary		instant	debit	true
		[reference only]									
		[reference only]									
		[reference only]									
Bilanz [http	6	stille Beteiligungen	1	2	3	4	monetary		instant	debit	true
		[reference only]									
Bilanz [http	7	typisch stille Beteiligung	1	2	3	4	monetary		instant	debit	true
Bilanz [http	7	atypisch stille Beteiligung	1	2	3	4	monetary		instant	debit	true
Bilanz [http	6	sonstige Beteiligungen, nicht zuordenbar	1	2	3	4	monetary		instant	debit	true

Abbildung 13: Beteiligungen der Kerntaxonomie 5.1

Quelle: Kerntaxonomie 5.1.

Wie aus obiger Abbildung ersichtlich, sieht die aktuelle Taxonomie 5.1 eine Differenzierung bei Beteiligungen zwischen Beteiligungen an Kapitalgesellschaften und Beteiligungen an Personengesellschaften vor, was in der Praxis eher selten der Fall ist.[125]

Taxonomie	Unternehmensindividueller Kontenplan
Oberposition Beteiligung	Bilanzposten: Beteiligung
- Beteiligung an PersGes (Mussfeld)	- Konto Sonstige Beteiligung (KapGes/PersGes)
- Beteiligung an KapGes (Mussfeld)	
- Stille Beteiligung (Mussfeld)	- Konto: Stille Beteiligung

Tabelle 5: Beispiel "NIL-Wert" Beteiligung

Quelle: Heinsen/Adrian, Anmerkung zum aktualisierten BMF-Entwurfsschreiben zur E-Bilanz, DStR 2011, S.1438 (1443).

Nun ergibt sich das im Folgenden beschriebene Problem. Es ist zu erkennen, dass rechnerisch verknüpfte Mussfelder derselben Hierarchieebene teils unmittelbar befüllt werden können und teilweise Konten, nicht dem Differenzierungsgrad der Taxonomie entsprechen.

Als Lösungsansatz, führt Heinsen und Adrian in ihrem Artikel „Anmerkung zum aktualisierten BMF-Entwurfsschreiben zur E-Bilanz" zwei Ansätze auf.

---

[125] Vgl. Heinsen/Adrian, Anmerkung zum aktualisierten BMF-Entwurfsschreiben zur E-Bilanz, DStR 2011, S.1438 (1442).

Lösungsweg 1: „Zunächst könnte das Konto „Stille Beteiligung" direkt der entsprechenden Taxonomieposition zugeordnet werden. Wenn diese Zuordnung vorrangig erfolgt, müsste das Konto „Sonstige Beteiligung" zwingend aufgeteilt werden."

Lösung 2: „Alternativ könnte das Konto „Sonstige Beteiligungen" vorrangig behandelt werden. Dieses Konto darf unmittelbar der Oberposition „Beteiligungen" zugeordnet werden." Wenn man dies so interpretiert, müsste bei den Unterpositionen „Beteiligungen an PersGes" und „Beteiligungen an KapGes" ein „NIL-Wert" gemeldet und das Konto „Stille Beteiligung" ebenfalls der Oberposition zugeordnet werden.

Die seit dem BMF-Schreiben vom 28.September 2011 Rz.16 neu eingeführten „NIL-Werte", stellen ein Zugeständnis an die Praktikabilität der Umsetzung der E-Bilanz, an die individuelle Buchhaltung der Unternehmen da. Hiermit soll dem erklärten Ziel der Finanzverwaltung Rechnung getragen werden, bei der Implementierung der E-Bilanz, in das Buchführungsverhalten des einzelnen Unternehmens, so wenig wie möglich einzugreifen.[126]

11.2.2. Mussfelder, Kontennachweis erwünscht

Das BMF-Schreiben vom 28.September 2011 besagt, dass für „Mussfelder, Kontennachweis erwünscht", die gleichen Vorgaben wie für „Mussfelder" gelten und demzufolge zu übermitteln sind. Darüber hinaus kann vom Steuerpflichtigen, ein Auszug der Summen- und Saldenliste, der in diese Position einfließenden Konten, im XBRL-Format mitgeliefert werden. Hier sieht die Steuertaxonomie innerhalb des Berichtsbestandteils „Detailinformationen zu Positionen", dass Modul Kontensalden zu einer Position vor. Angaben zu „Name der Position", „Kontonummer", „Kontobeschreibung" und „Saldo am Stichtag" können hier angegeben werden.[127]

Das Wort „kann" des BMF-Schreibens vom 28.September 2011 Rz. 17, lässt darauf schließen, dass dem Steuerpflichtigen keinerlei Nachteile entstehen, sofern er den Kontennachweis nicht mitliefert. Jedoch steht es dem Finanzamt nach den allgemeinen Mitwirkungspflichten der §§ 93 und 97 AO zu, einen Kontennachweis jederzeit nachzufordern.[128] Darüber hinaus ist nicht auszuschließen, dass bei fehlender Übermittlung von Kontennachweisen, eine Einstufung in eine hohe Risikoklasse, im Rah-

---

[126] Vgl. Klein, Die E-Bilanz aus Sicht der Finanzverwaltung, BBK 2011, Beilage zu Heft 23, S.24 (27).
[127] Vgl. Polka/Jansen, Die E-Bilanz von A bis Z, S.24-25.
[128] Vgl. Wittkowski/Knopf, Brennpunkte der E-Bilanz: was bereitet bei der E-Bilanz-Umstellung besondere Schwierigkeiten, und wie ist darauf zu reagieren?, BC 2011, S.441 (445).

men des Risikomanagements der Finanzverwaltung erfolgt.[129] Demzufolge rät die einschlägige Fachliteratur davon ab, auf Kontennachweise zu verzichten.

Folgendes Beispiel veranschaulicht einen Kontennachweis.

Name der Position	Kontennummer	Kontenbeschreibung	Kontensaldo
Name der übermittelten Position, in deren Wert das Konto eingeflossen ist	eindeutiger Bezeichner/Nummer des Kontos	Beschreibung des Kontos in verbalisierter Form	zum Endstichtag der Berichtsperiode
Unbebaute Grundstücke	50000	Grundstücke, unbebaut	100.000 €

Abbildung 14: Beispiel Kontennachweis

Quelle: Koch /Maltseva/Nagel, E-Bilanz – rationell und richtig umstellen, S.63.

Darüber hinaus, können für jede andere Taxonomieposition Kontennachweise durch Datenfernübertragung übermittelt werden.

11.2.3. Summenfelder und rechnerisch notwendige Positionen

Da die übermittelten Datensätze, den im Datenschema hinterlegten Rechenregeln genügen müssen, sind auch sogenannte Summenmussfelder verpflichtend zu übermitteln.[130] Ein Summenmussfeld ist somit die Oberpositionen für mehrere Taxonomiewerte. Hieraus ergibt sich, dass Felder die Unterpositionen darstellen und eigentlich nicht verpflichtend zu übermitteln sind, dennoch befüllt werden müssen, um den im Datenschema hinterlegten Rechenregeln zu genügen und die Konsistenz der Daten zu gewährleisten.[131] So muss die Summe der Positionen auf gleicher Ebene, den Wert der Oberposition (Summenmussfeld) entsprechen, wobei diese Oberpositionen nicht vom Wert der Bilanz abweichen darf.[132] Positionen die auf der gleichen Ebene wie rechnerisch verknüpfte Mussfelder stehen, werden folglich als „Rechnerisch notwendig, soweit vorhanden", bezeichnet.[133] Sofern in eine Oberposition verknüpfte Positionen übermittelt werden, sind auch die dazu gehörenden Oberpositionen mit zu übermitteln.

---

[129] Vgl. Koch/Nagel/Maltseva, E-Bilanz – rationell und richtig umstellen, S.63.
[130] Vgl. Stube, Die E-Bilanz – Eine große Herausforderung für Ihre Mandanten, S.25.
[131] Vgl. Wittkowski/Knopf, Brennpunkte der E-Bilanz: was bereitet bei der E-Bilanz-Umstellung besondere Schwierigkeiten, und wie ist darauf zu reagieren?, BC 2011, S.441 (446).
[132] Vgl. Wittkowski, Die E-Bilanz Grundlagen, Maßnahmen, Umsetzungsmanagement, S.48.
[133] Vgl. Stube, Die E-Bilanz – Eine große Herausforderung für Ihre Mandanten, S.25.

Folgendes Beispiel veranschaulicht den Zusammenhang von Summenmussfeldern und rechnerisch notwendigen Positionen.

Aktiva	
└▶ Vorräte	Summenmussfeld
└▶ Roh-, Hilfs- und Betriebsstoffe	Mussfeld
└▶ Unfertige Erzeugnisse, unfertige Leistungen	Mussfeld
└▶ Fertige Erzeugnisse und Waren	Mussfeld
└▶ Sonstige Vorräte	Rech. notwendig
└▶ Geleistete Anzahlungen (Vorräte)	Mussfeld
└▶ Vorräte, vor Absetzung von erhaltener Anzahlung	Rech. notwendig
└▶ Erhaltene Anzahlungen auf Bestellungen	Rech. notwendig

Abbildung 15: Summenmussfeld Vorräte

Quelle: Koch/Nagel/Maltseva, E-Bilanz – rationell und richtig umstellen, S.65.

Wie aus obiger Abbildung ersichtlich, ist die Position „Vorräte" ein Summenmussfeld. Der Betrag der Oberposition setzt sich aus den Mussfeldern „Roh- Hilfs- und Betriebsstoffe", „unfertige Erzeugnisse, unfertige Leistungen", „fertige Erzeugnisse und Waren" sowie „geleistete Anzahlungen (Vorräte)" zusammen. Falls diese Mussfelder die Oberposition „Vorräte" nicht ausreichend bestimmen und dieses Summenmussfeld nicht mit dem Wert aus der Bilanz gleichzustellen ist, müssen die rechnerisch notwendigen Positionen, soweit sie vorhanden sind, mit erfasst werden. Diese sind „sonstige Vorräte", „Vorräte, vor Absetzung von erhaltenen Anzahlungen" und „erhaltene Anzahlungen auf Bestellungen".[134]

Zunächst ist der Steuerpflichtige gesetzlich nicht dazu verpflichtet, rechnerisch notwendige Positionen zu übermitteln. Jedoch wird im Rahmen der Validierung die rechnerische Richtigkeit des Datensatzes überprüft, was folglich dazu führt, dass der Datensatz, den im XBRL-Format hinterlegten Rechenregeln entsprechen muss. Gehen diese Regeln nicht auf, erfolgt eine Fehlermeldung und der Datensatz wird nicht ans Finanzamt übermittelt. Demzufolge ist der Steuerpflichtige aus technischer Sicht dazu gezwungen, die als „rechnerisch notwendig, falls vorhanden" gekennzeichneten Felder, sobald sie einen Wert ungleich Null aufweisen, an die Steuerverwaltung zu übermitteln.[135]

---

[134] Vgl. Koch/Nagel/Maltseva, E-Bilanz – rationell und richtig umstellen, S.65.
[135] Vgl. Koch/Nagel/Maltseva, E-Bilanz – rationell und richtig umstellen, S.64.

Die sogenannten „Davon-Positionen" sind hingegen nicht rechnerisch verknüpft. Liegen hier Sachverhalte vor, so muss bei Mussfeldern und kann bei freiwilligen Positionen, ein Wert eingetragen werden. Da nicht sämtliche Felder auf der gleichen Ebene befüllt werden müssen, ergibt sich hier eine Erleichterung gegenüber den rechnerisch verknüpften Feldern.[136]

Um den Eingriff in das Buchführungsverhalten der Steuerpflichtigen zu reduzieren, könnte durch Verzicht der rechnerischen Richtigkeit, der übermittelten Instanz-Dokumente durch die weitere Ausdehnung der „davon" Logik auf höhere Taxonomieebenen, erfolgen.[137]

11.2.4. Auffangpositionen

Der hohe Detaillierungsgrad der Kerntaxonomie, welcher nach Erfahrungen der Pilotphase, einen Eingriff in das Buchungsverhalten der Steuerpflichtigen durch die Einführung und zwingend zu übermittelnde zusätzliche Konten erfordert, gilt als zentraler Kritikpunkt der E-Bilanz.[138] Um dieser Kritik entgegen zu treten, versucht das BMF, mit den in das Datenschema eingeführten Auffangpositionen, erkennbar anhand der Formulierung „nicht zuordenbar", einen Eingriff in das Buchungsverhalten weitestgehend zu vermeiden.[139]

Auffangpositionen sind immer dann zu verwenden, wenn sich die Mussfelder nicht mit Werten füllen lassen, oder die Position nicht aus der individuellen Buchführung ableitbar ist.[140] Alle auswertungsfähigen Buchungsmerkmale, beziehungsweise Kennzeichen, wie beispielsweise Umsatzsteuerschlüssel oder Bewegungsarten, sind für die Ableitbarkeit, in Betracht zu ziehen.[141]

Auffangpositionen sollen dazu beitragen, einen hohen Grad der Standardisierung zu erreichen und die rechnerische Richtigkeit sicher zu stellen.[142]

---

[136] Vgl. Wittkowski/Knopf, Brennpunkte der E-Bilanz: was bereitet bei der E-Bilanz-Umstellung besondere Schwierigkeiten, und wie ist darauf zu reagieren?, BC 2011, S.441 (446).
[137] Vgl. Herzig/Briesemeister/Schäperclaus, E-Bilanz- Konkretisierung, Erleichterungen, verbleibende Problembereiche, DB 2011, S.1651 (1656).
[138] Vgl. Burlein, E-Bilanz – Die Analyse der Finanzverwaltung und ihre praktische Umsetzung beginnen jetzt, BBK 2011, Beilage zu Heft 23, S.18 (20).
[139] Vgl. Wenk/Jagosch/Straßer, Die E-Bilanz- Ein Projekt mit Fallstricken, DStR 2011, S.586 (590).
[140] Vgl. Wittkowski/Knopf, Brennpunkte der E-Bilanz: was bereitet bei der E-Bilanz-Umstellung besondere Schwierigkeiten, und wie ist darauf zu reagieren?, BC 2011, S.441 (446).
[141] Vgl. Herrfurth, Die Einführung der E-Bilanz im Unternehmen – Problemfelder und Praxishinweise zur betrieblichen Umsetzung, BC 2011, S.436 (439).
[142] Vgl. Koch/Nagel/Maltseva, E-Bilanz – rationell und richtig umstellen, S.65.

Nachfolgende Abbildung veranschaulicht exemplarisch die Auffangposition am Beispiel der Bilanzposition „Grundstücke".

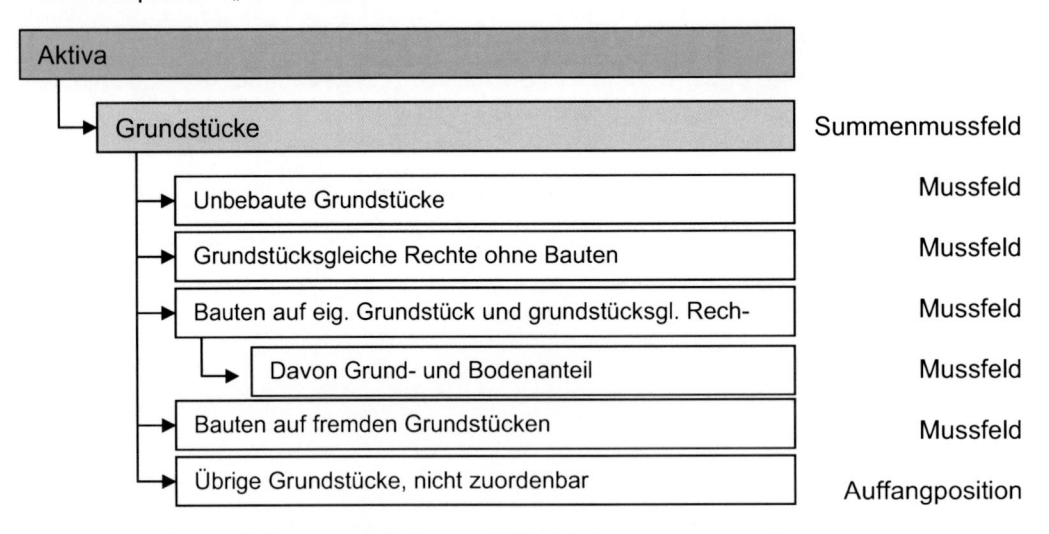

Abbildung 16: Auffangposition am Beispiel der Bilanzposition "Grundstücke"

Quelle: Koch/Nagel/Maltseva, E-Bilanz – rationell und richtig umstellen, S.65.

Damit die Summe der Unterpositionen mit dem Betrag der Oberposition „Grundstücke" übereinstimmt, sind Grundstücke, welche weder den Positionen „unbebaute Grundstücke", „grundstücksgleiche Rechte ohne Bauten", „Bauten auf eigenem Grundstück und grundstücksgleiche Rechte" oder „Bauten auf fremden Grundstück" zugeordnet werden können, in der Auffangposition „übrige Grundstücke nicht zuordenbar" einzutragen.[143]

Als Konsequenz aus den Erfahrungen der Pilotierung, wurde die Zahl der Auffangpositionen auf 54 erhöht und somit 13 neue Auffangpositionen im Berichtsbestandteil der „Bilanz" und 17 neue im Berichtsbestandteil „Gewinn- und Verlustrechnung" eingefügt.[144]

Wie aus den FAQ der Finanzverwaltung zu entnehmen, sollen die Auffangpositionen die Einführung der E-Bilanz für die Unternehmen erleichtern. Somit sind sie auf einen Zeitraum von fünf bis sechs Jahren begrenzt.[145] Hieraus ließe sich zunächst ableiten, dass nach Ablauf der Frist, Auffangpositionen automatisch wegfallen würden. Eine

---

[143] Vgl. Koch/Nagel/Maltseva, E-Bilanz – rationell und richtig umstellen, S.66.
[144] Vgl. Wittkowski/Knopf, Brennpunkte der E-Bilanz: was bereitet bei der E-Bilanz-Umstellung besondere Schwierigkeiten, und wie ist darauf zu reagieren?, BC 2011, S.441 (446).
[145] Vgl. Burlein, E-Bilanz – Die Analyse der Finanzverwaltung und ihre praktische Umsetzung beginnen jetzt, BBK 2011, Beilage zu Heft 23, S.441 (447).

Pressemitteilung des BMF vom 30.Mai 2012 stellt jedoch klar, dass eine Streichung der Auffangpositionen zu einem bestimmten Zeitpunkt nicht geplant sei.[146]

11.2.5. Unzulässige Positionen

Da die HGB-Taxonomie 4.1 als Ausgangsbasis der Steuertaxonomie gewählt wurde und diese, neben der steuerlichen Deklaration, auch für andere Finanzberichterstattungen, wie beispielsweise die Übermittlung an den elektronischen Bundesanzeiger anzuwenden ist, wurde sie bewusst allgemeingültig gestaltet.[147] Daher enthält die Taxonomie auch Positionen, welche steuerlich unzulässig sind und in dem elektronisch an die Finanzverwaltung zu übermittelnden Jahresabschluss nicht enthalten sein dürfen.[148] Unterschieden wird hier in der Datensatzkennzeichnung „für handelsrechtlichen Einzelabschluss unzulässig" und „steuerlich unzulässig". Im Rahmen der clientseitigen Prüfung werden die Daten auch auf ihre Zulässigkeit verifiziert.

Die mit „für handelsrechtlichen Einzelabschluss unzulässig" gekennzeichneten Felder, dürfen weder in der Handelsbilanz noch in der Steuerbilanz übermittelt werden.[149] Derzeit enthält die aktuelle Version 5.1 der Steuertaxonomie keine Positionen, die mit „handelsrechtlich unzulässig" aufgelistet wird, was jedoch nicht ausschließt, dass bei zukünftigen Aktualisierungen der Taxonomie, als „handelsrechtlich unzulässig" gekennzeichnete Positionen wieder eingefügt werden.[150]

Die Kennzeichnung „steuerlich unzulässig" besagt, dass diese Positionen handelsbilanziell zulässig sind, steuerlich jedoch nicht angesetzt werden dürfen. Im Rahmen der Überleitungsrechnung sind diese aufzulösen.[151]

Folgende Abbildung der aktuellen Steuertaxonomie 5.1 veranschaulicht „steuerlich unzulässige" Positionen für die elektronisch zu übermittelnde Bilanz.

---

[146] Vgl. Koch/Nagel/Maltseva, E-Bilanz – rationell und richtig umstellen, S.67.
[147] Vgl. Bongaerts/Neubeck, E-Bilanz Erläuterungen und Anleitungen zur Taxonomie, S.104.
[148] Vgl. Richter/Kruczynski/Kurz, E-Bilanz: Mindestumfang der steuerlichen Deklaration nach der geplanten Taxonomie, BB 2010, S.2489 (2493).
[149] Vgl. BMF-Schreiben vom 28.09.2012, Rz.12 IV C 6 – S 2133-b/11/10009.
[150] Vgl. Bongaerts/Neubeck, E-Bilanz Erläuterungen und Anleitungen zur Taxonomie, S.104.
[151] Vgl. BMF-Schreiben vom 28.09.2012, Rz.13 IV C 6 – S 2133-b/11/10009.

Kerntaxonomie 5.1								tion [http://	definitionGuidance [htt		References [role URI]		
section	le	label						en	de	en	fiscalRef	fiscalRec	notPerm
Bilanz [http	3	Bilanzierungshilfe	1						Die Position			Rechnerisch	steuerlich
Bilanz [http	4	Aufwendungen für die Ingangsetzung und Erweiterung des Ges	1	2	3	4			Die Position				steuerlich
Bilanz [http	4	Aufwendungen für die Währungsumstellung auf Euro	1						Die Position				steuerlich
Bilanz [http	5	Selbst geschaffene gewerbliche Schutzrechte und ähnliche R	1	2	3	4			Nicht aufge			Rechnerisch	steuerlich
Bilanz [http	6	davon fertige	1	2	3	4							steuerlich
Bilanz [http	6	davon in Entwicklung befindlich	1	2	3	4							steuerlich
Bilanz [http	5	Selbst geschaffene gewerbliche Schutzrechte und ähnliche R	1	2	3	4			Die				
Bilanz [http	4	Kernbrennelemente	1						Die				
Bilanz [http	4	Filmvermögen von Filmverleihern	1						Die				
Bilanz [http	4	Vorabraum im Tagebau	1						Die Position				steuerlich
Bilanz [http	4	andere Vermögensgegenstände zwischen Anlagevermögen und	1						Die Position				steuerlich
Bilanz [http	5	Erläuterungen zu: andere Vermögensgegenstände zwischen	1										steuerlich
Bilanz [http	3	Aktive latente Steuern	1									Rechnerisch	steuerlich
Bilanz [http	3	Aktive latente Steuern, soweit aus der/den für die ausländische(r	1						Die Position			Rechnerisch	steuerlich
Bilanz [http	3	Aktiver Unterschiedsbetrag aus der Vermögensverrechnung	1									Rechnerisch	steuerlich
Bilanz [http	3	Aktiver Unterschiedsbetrag aus der Vermögensverrechnung, sow	1						Die Position			Rechnerisch	steuerlich
Bilanz [http	5	Kapitalanpassung nach BilMoG	1									Rechnerisch	steuerlich
Bilanz [http	4	Gesellschafterdarlehen mit Eigenkapital-Charakter [Aktivseite]	1						Die Position			Rechnerisch	steuerlich
Bilanz [http	6	Kapitalanpassung nach BilMoG [Privatkonto, Passivseite]	1									Rechnerisch	steuerlich
Bilanz [http	4	Gesellschafterdarlehen mit EK-Charakter	1									Rechnerisch	steuerlich
Bilanz [http	4	Ausgleichsposten für aktivierte Bilanzierungshilfen (Personenha	1						Der Ausgle			Rechnerisch	steuerlich
Bilanz [http	5	Rückstellungen für latente Steuern	1										steuerlich
Bilanz [http	5	Rückstellungen für drohende Verluste aus schwebenden Gesc	1										steuerlich
Bilanz [http	3	Passive latente Steuern	1									Rechnerisch	steuerlich
Bilanz [http	3	Passive latente Steuern, soweit aus der/den für die ausländische(	1						Die Position			Rechnerisch	steuerlich

Filter „steuerlich unzulässig"

Abbildung 17: Steuerlich unzulässige Positionen der Bilanz

Quelle: Kerntaxonomie 5.1

Als „steuerlich unzulässig" gekennzeichnet sind beispielsweise die Bereiche „Bilanzierungshilfe, „Vermögensgegenstände zwischen Anlagevermögen und Umlaufvermögen", „Aktive latente Steuern", „Passive latente Steuern", „Gesellschafterdarlehen mit Eigenkapital Charakter" sowie „ Rückstellungen für drohende Verluste aus schwebenden Geschäften."[152]

---

[152] Vgl. Bongaerts/Neubeck, E-Bilanz Erläuterungen und Anleitungen zur Taxonomie, S.104.

12. Analyse des Kontenplans – Mapping

Ein wesentlicher und somit auch als kritisch zu beurteilender Aspekt bei der Umstellung und Vorbereitung auf die E-Bilanz, ist der Vergleich des unternehmenseigenen Kontenplans mit den Anforderungen der Taxonomie.[153] Die Kontenplananalyse erfolgt, mit dem als Mapping bezeichneten Vorgang. Hier werden dem bisher im Einsatz befindlichen handels- und steuerrechtlichen Kontenplan, mindestens die Pflichtfelder (Mussfelder siehe 11.2.1.) der Steuertaxonomie gegenübergestellt.[154]

12.1. Konstellationen des Mapping

Bei der Analyse der Kontenpläne gibt es nun verschiedene Fallkonstellationen. Zum einen die „1 zu 1", die „n zu 1", die „1 zu n" und die „n zu m" Beziehung, welche nachfolgend näher erläutert werden.

12.1.1. Konstellation 1:1 – Beziehung

Wie folgende Abbildung aufzeigt, wird bei der 1 zu 1 Beziehung, genau ein Konto des Kontenplans, auf genau eine Taxonomieposition geschlüsselt.

```
[ Konto ] <—> [ Taxonomie-Position ]
```

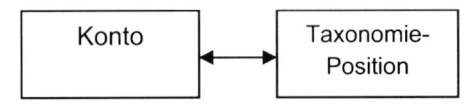

Abbildung 18: Mapping 1:1 Beziehung

Diese Zuordnungsvariante ist in der Regel unproblematisch. Bei gleicher wörtlicher Formulierung erfolgt die Zuordnung unmittelbar. Weicht der Wortlaut des Kontenplanpostens unwesentlich von dem der Taxonomieposition ab, kann die Formulierung des betroffenen Kontos an die Taxonomieformulierung angepasst werden.[155]

---

[153] Vgl. Koch/Nagel/Maltseva, E-Bilanz – rationell und richtig umstellen, S.154.
[154] Vgl. Bongaerts/Neubeck, E-Bilanz Erläuterungen und Anleitungen zur Taxonomie, S.74.
[155] Vgl. Koch/Nagel/Maltseva, E-Bilanz – rationell und richtig umstellen, S.155.

12.1.2. Konstellation n:1 – Beziehung

Mehrere Konten können genau einer Taxonomieposition zugeordnet werden.

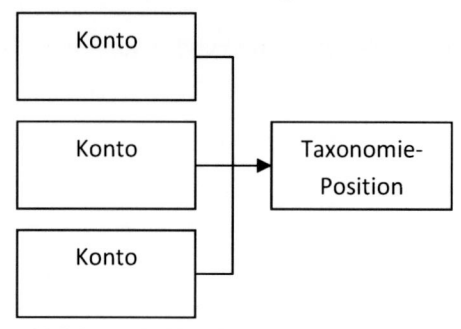

Abbildung 19: Mapping n:1 Beziehung

Dies ist ebenfalls unproblematisch, da die einzelnen Konten des Kontenplans die Summe der Taxonomieposition ergeben. Der Kontenplan muss bei dem Mapping lediglich verdichtet werden.[156]

12.1.3. Konstellation 1:n – Beziehung

Genau ein Konto des Kontenplans wird auf mehrere Positionen der Taxonomie geschlüsselt.

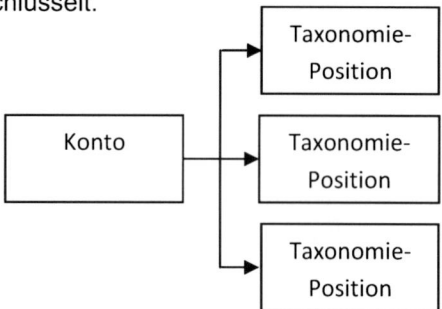

Abbildung 20: Mapping 1:n - Beziehung

Hier muss der Saldo eines Kontos auf mehrere Ziel-Positionen aufgeteilt werden. Als Lösungsansatz ist das einzelne Buchhaltungskonto, nach den Kriterien der Steuertaxonomie aufzuteilen.[157] Dies wird in der Praxis als Eingriff in das Buchhaltungsverhalten der Unternehmen kritisch betrachtet.

---

[156] Vgl. Koch/Nagel/Maltseva, E-Bilanz – rationell und richtig umstellen, S.155.
[157] Vgl. Koch/Nagel/Maltseva, E-Bilanz – rationell und richtig umstellen, S.156.

12.1.4. Konstellation n:m – Beziehung

Mehrere Konten des Kontenplans werden auf mehrere Taxonomiepositionen überführt.

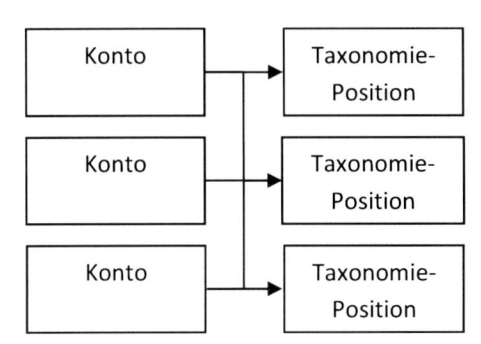

Abbildung 21: Mapping n:m - Beziehung

Hier sind vor allem Kenntnisse der Einzelsachverhalte notwendig, um die Aufteilung vornehmen zu können. Dies erfolgt mit der Reorganisation der Konten. Nachfolgendes Beispiel veranschaulicht das Mapping anhand eines praxisorientierten Sachverhaltes.

12.2. Beispiel Mapping des Sachanlagevermögens

Folgendes Beispiel verdeutlicht das Mapping des Sachanlagevermögens an Hand des Kontos 0200 (SKR 04), beziehungsweise 0050 (SKR 03)

Anlagegut			SKR 04	SKR 03
Unbebaute Grundstücke		50.000 €	0200	0050
Fabrikhalle	Anteil Gebäude	350.000 €	0200	0050
	Anteil Grund	70.000 €	0200	0050
Bürogebäude	Abteil Gebäude	500.000 €	0200	0050
	Anteil Grund	150.000 €	0200	0050
Hof- und Wegbefestigung		50.000 €	0200	0050
Summe		**1.170.000 €**	**0200**	**0050**

Tabelle 6: Mapping Sachanlagevermögen

Quelle: Strube, Die E-Bilanz – Eine große Herausforderung für Ihre Mandanten, S.32.

Zunächst werden die alten Buchhaltungskonten den neuen Taxonomiepositionen zugeordnet. Für die Fabrikhalle und das Bürogebäude sieht die aktuelle Taxonomie, die Positionen „Bauten auf eigenen Grundstücken und grundstücksgleichen Rechten" vor, was Umbuchungen zur Folge hat. Um alle Positionen richtig zu füllen, müssen die Gebäudeanteile auf Gebäudekonten, die Grundstücksanteile auf Grundstückskonten, sowie die Wegbefestigung auf eigene Konten abgebildet werden. Auch für das unbebaute Grundstück sind eigene Kontenpositionen zu buchen.[158]

Nachfolgende Abbildungen veranschaulichen das Mapping vor und nach den Umbuchungen.

Konto 0200/0050 „Grundstücke, grundstücksgleiche Rechte und Bauten einschließlich der Bauten auf fremden Grundstücken"
Betrag: **1.170.000,- €**

→ Taxonomieposition: „unbebaute Grundstücke" **50.000,-€**

→ Taxonomieposition: „Bauten auf eigenen Grundstücken und gründstücksgleichen Rechten" **1.120.000,-€**

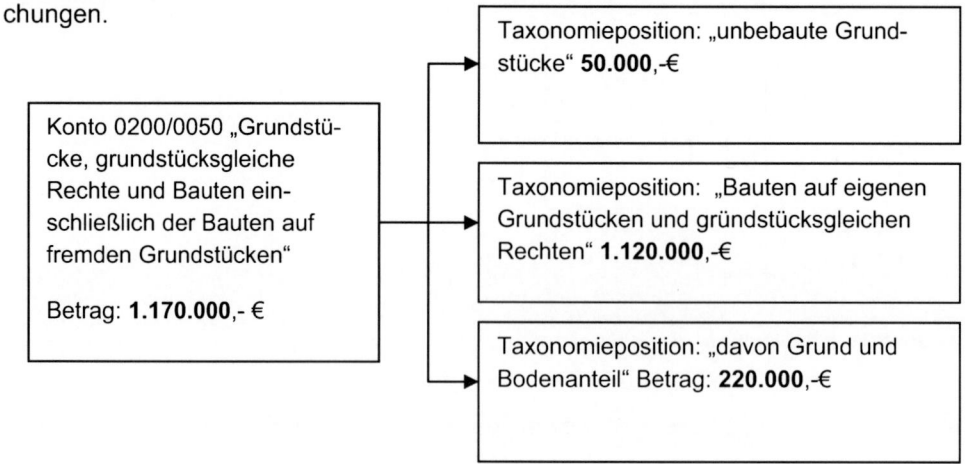

→ Taxonomieposition: „davon Grund und Bodenanteil" Betrag: **220.000,-€**

Abbildung 22: Mapping Sachanlagen vor Umbuchungen

Quelle: *Strube, Die E-Bilanz – Eine große Herausforderung für Ihre Mandanten, S.34.*

Konto 0215/0065 „unbebaute Grundstücke" **50.000,-€** → Taxonomie „unbebaute Grundstücke" **50.000,-€**

Konto 0235/0085 „Grundstückswerte eigener bebauter Grundstücke" **220.000,-€**

Konto 0240/0090 „Geschäftsbauten" **500.000,-€**

Konto 0250/0100 „Fabrikbauten" **350.000,-€**

Konto 0285/0112 „Hof- und Wegbefestigung" **50.000,-€**

→ Taxonomie: „Bauten auf eigenen Grundstücken und grundstücksgleichen Rechten" **1.120.000,-€**

→ Taxonomie: „Bauten auf eigenen Grundstücken und grundstücksgleichen Rechten, davon Grund- und Bodenanteil" **220.000,-€**

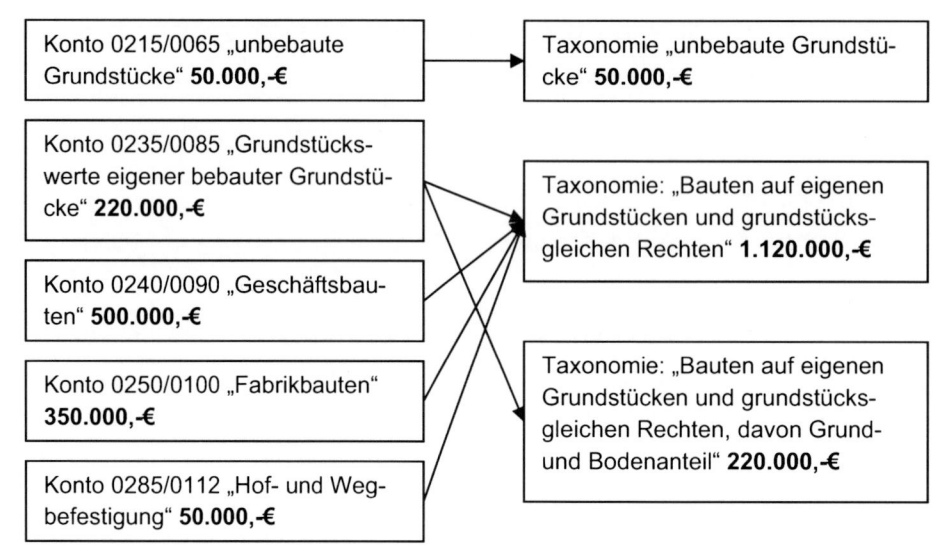

Abbildung 23: Mapping Sachanlagen nach Umbuchungen

Quelle: *Strube, Die E-Bilanz – Eine große Herausforderung für Ihre Mandanten, S.35.*

---

[158] Vgl. Strube, Die E-Bilanz – Eine große Herausforderung für Ihre Mandanten, S.32.

13. Implementierung der E-Bilanz

Bei der Einführung der E-Bilanz ist jedoch nicht nur das im Punkt 12 beschriebene Mapping des Kontenplans zu beachten, sondern vielmehr das Unternehmen weitreichender vorzubereiten. So wird das Erfüllen der gesetzlichen Vorgaben zur elektronischen Übermittlung des Jahresabschlusses, zwangsläufig in die unternehmerischen Prozesse eingreifen, was die Anpassung der Ablauforganisation innerhalb des Unternehmens erforderlich macht.[159] Nur wenn sich der Unternehmer, beziehungsweise das Unternehmen im vornherein im Klaren ist, wer welche Aufgaben bei der Erstellung des Jahresabschlusses übernimmt und sich die einzelnen Ebenen mit der Herausforderung der E-Bilanz befasst, kann der Prozess der E-Bilanz-Implementierung erfolgreich gestaltet werden.[160]

Somit ist die Einführung der E-Bilanz ein Projekt mit den Phasen Analyse des Ist-Zustandes, Konzeption des Soll-Zustandes und Umsetzung des ermittelten Anpassungsbedarfs.[161] Zunächst muss sich das Unternehmen mit dem zeitlichen Ablauf der E-Bilanz-Implementierung befassen (siehe 13.1.) und im Anschluss die betroffenen Bereiche des eigenen Unternehmens identifizieren (siehe 13.2.), bevor eine Implementierungsstrategie (siehe 13.3.) festgelegt werden kann.

13.1. Zeitlicher Ablauf der Implementierung

Als großes Problem der praktischen Umsetzung der E-Bilanz, stellt sich der knapp bemessene Zeitrahmen der Implementierung da, in dem sich die Unternehmen vorzubereiten haben.[162] Da zur Übermittlung der E-Bilanz des zurückliegenden Wirtschaftsjahres, schon unterjährig im Rechnungswesen der E-Bilanz entsprechend gebucht werden muss, ist es angebracht, die Umsetzung des Projekts der Implementierung bis spätestens 31.Dezember 2012 abzuschließen. In der Praxis sollte der Zeitplan so gewählt werden, dass bis zum 30.September 2012 alle erforderlichen Anpassungen umgesetzt sind und damit das letzte Quartal 2012, dem Unternehmen als Testphase bereit steht.[163]

---

[159] Vgl. Wittkowski, Die E-Bilanz Grundlagen, Maßnahmen, Umsetzungsmanagement, S.64.
[160] Vgl. Wittkowski, Die E-Bilanz Grundlagen, Maßnahmen, Umsetzungsmanagement, S.83.
[161] Vgl. Bongaerts/Neubeck, E-Bilanz Erläuterungen und Anleitungen zur Taxonomie, S.73.
[162] Vgl. Wittkowski/Knopf, E-Bilanz als aktuelle Herausforderung an das unternehmerische Rechnungswesen, BC 2011, S.255 (263).
[163] Vgl. Polka/Jansen, E-Bilanz: Fahrplan zur Umsetzung im Unternehmen, BC 2012, S.238 (240).

Nachfolgende Abbildung veranschaulicht den zeitlichen Ablauf der Implementierung.

01.01.2012		31.12.2012	
Anpassung EDV Abläufe	Umstellung EDV Kontenrahmen Buchungsverhalten	Schaffung der Übertragungsmöglichkeiten	Annahmen E-Bilanzen
Handlungsbedarf Unternehmen	Abschluss Umstellung Unternehmen	Handlungsbedarf Finanzverwaltung	Abschluss Einführung Finanzverwaltung

Abbildung 24: Zeitschiene
Quelle: Wittkowski, Die E-Bilanz Grundlagen, Maßnahmen, Umsetzungsmanagement, S.63.

13.2. Betroffene Unternehmensbereiche

Die Implementierung der E-Bilanz ist als interdisziplinäres, bereichsübergreifendes Projekt zu verstehen, dass durch die notwendige Anpassung der betriebswirtschaftlichen Prozessstrukturen verschiedene Verantwortungsbereiche innerhalb eines Unternehmens tangiert.[164] Da es sich bei der E-Bilanz um einen steuerlichen Sachverhalt handelt, ist zunächst die Steuerabteilung, beziehungsweise der Steuerberater, in das Projekt einzubinden. Darüber hinaus, ist es bei der konzeptionellen Umstellung auf die E-Bilanz wesentlich, die Bereiche IT/Datenverarbeitung, Rechnungswesen sowie interne Revision mit in das Projekt aufzunehmen, um deren Koordination und Kommunikation untereinander sicher zu stellen. Es ist zu beachten, dass das Projektteam mit erfahrenen Mitarbeitern zu besetzen ist, die mit den betrieblichen Prozessen im Rechnungs- und Berichtswesen vertraut sind und die relevanten Eigenheiten des Unternehmens genauestens kennen.[165] So ist ohne Wissen der Steuerabteilung die Thematik der E-Bilanz nicht zu erkennen, ohne die IT-Abteilung die technische Umsetzung nicht möglich und ohne das Rechnungswesen mit seinen Prozessabläufen und Erfahrungen sowie ohne übergeordnete Überwachungsfunktion die Implementierung der E-Bilanz nicht möglich.[166]

---

[164] Vgl. Althoff/Arnold/Polka/Jansen/Wetzel, Die neue E-Bilanz, S.75.
[165] Vgl. Bongaerts/Neubeck, E-Bilanz Erläuterungen und Anleitungen zur Taxonomie, S.73.
[166] Vgl. Wittkowski, Die E-Bilanz Grundlagen, Maßnahmen, Umsetzungsmanagement, S.85-86.

13.2.1. Steuerabteilung

Die Aufgabe der Kommunikation mit der Finanzverwaltung und die Übermittlung steuerlich relevanter Daten und die Verifizierung und Aufarbeitung der Informationen, fallen unter den Verantwortungsbereich der internen Steuerabteilung oder eines externen Steuerberaters.[167] So kommt der Steuerbereich eines Unternehmens als erstes mit der E-Bilanz in Berührung und muss das nötige Tax-Compliance-Niveau erarbeiten, um den erzielbaren Sollzustand aus dem Rechnungswesen aufzubereiten, welche von der Datenverarbeitung und dessen IT-Umfeld abhängt. Dieser Schritt sollte zum jetzigen Zeitpunkt in jedem Unternehmen erkannt und abgehandelt worden sein.

13.2.2. IT/Datenverarbeitung

Die technische Implementierung fällt unter das Aufgabengebiet der IT-Abteilung. Hier ist zu unterscheiden, ob es sich bei den bestehenden ERP-Systemen um so genannte Standardanwendungen handelt, welche von den Softwarehäusern regelmäßig mit Updates auf dem neusten Stand gehalten werden, oder ob es sich um Individualsoftwarelösungen handelt, welche von der eigenen IT-Abteilung auf die E-Bilanz umzustellen sind.[168] Die Datenverarbeitungsabteilung des Unternehmens muss die IT-Systeme anpassen, um den von der Finanzverwaltung geforderten Datenumfang zu erfassen, zu verarbeiten und in das XBRL-Format überzuführen. Dies ist die Grundvoraussetzung für alle weiteren Prozessschritte der Implementierung der E-Bilanz, da die IT-Abteilung die technische Durchführbarkeit sicherstellt.[169]

13.2.3. Rechnungswesen

Das Rechnungswesen bildet alle Geschäftsvorfälle im Unternehmen ab, was zur Folge hat, dass die betroffenen Mitarbeiter zuerst erkennen, welche Daten sich aus den einzelnen Geschäftsvorfällen ableiten lassen.[170] Die Analyse des Ist-Zustandes, der Buchführung und der Anpassung an die neuen Vorgaben, erfordert im Rechnungswesen und somit im Buchungsverhalten der Unternehmen, auf Grund des Detaillierungsgrades der E-Bilanz, neue Konten einzuführen und bisherige abzuändern. Dies bildet die inhaltliche Konkretisierung des Ausgangspunktes für die IT-Abteilung ab, was dazu führen kann, dass durch das Hinzufügen einzelner Konten, ein neues IT-System einge-

---

[167] Vgl. Althoff/Arnold/Polka/Jansen/Wetzel, Die neue E-Bilanz, S.77.
[168] Vgl. Althoff/Arnold/Polka/Jansen/Wetzel, Die neue E-Bilanz, S.75.
[169] Vgl. Wittkowski, Die E-Bilanz Grundlagen, Maßnahmen, Umsetzungsmanagement, S.87.
[170] Vgl. Wittkowski, Die E-Bilanz Grundlagen, Maßnahmen, Umsetzungsmanagement, S.88-89.

richtet werden muss. Demzufolge besteht zwischen der IT-Abteilung und dem Rechnungswesen Interdependenz.[171]

13.2.4. Interne Revision und Qualitätssicherung

Nicht zuletzt sollte, um das notwendige Qualitätsniveau zu erreichen und sicherzustellen, dass die Einführung der E-Bilanz gesetzeskonform geschieht, ein Qualitäts- oder Compliance-Beauftragter benannt werden. Durch die neue steuerliche Buchhaltung, welche die E-Bilanz zweifelsohne mit sich bringt, sind die steuerlichen Vorschriften und dessen Einhaltung, als wesentliche Aufgabe der internen Kontrollsysteme anzuerkennen. Bei der Einführung und Implementierung der E-Bilanz, muss die interne Revision, die einzelnen Abteilungen koordinieren und den notwendigen Informationsaustausch zwischen den betroffenen Bereichen sicherstellen.[172]

13.3. Implementierungsstrategie und Compliance-Level

Vor der Umsetzung der E-Bilanz ist eine Entscheidung über das Tax-Compliance-Niveau zu treffen, das heißt, ob und in welchen Umfang über den als Mindestumfang gekennzeichneten Detaillierungsgrad der Steuertaxonomie hinaus, Informationen an das Finanzamt übermittelt werden.[173] Zentrale Einflussgrößen auf die individuelle Entscheidung des Unternehmens, ist der Grad der Bereitschaft, hohen Aufwand für die Informationsbereitstellung gegenüber dem Finanzamt zu betreiben, oder in welchem Umfang, eine aggregierte E-Bilanz unter Benutzung der Auffangpositionen übermittelt werden soll.[174] In folgedessen lassen sich drei differenzierte Compliance-Strategien herleiten, welche sich in der Minimal-, Maximal- und Neutralstrategie widerspiegeln.

---

[171] Vgl. Althoff/Arnold/Polka/Jansen/Wetzel, Die neue E-Bilanz, S.76.
[172] Vgl. Althoff/Arnold/Polka/Jansen/Wetzel, Die neue E-Bilanz, S.78.
[173] Vgl. Jansen/Polka, Auffangpositionen in der E-Bilanz- Freud oder Leid?, DStR 2011, S.1821 (1822).
[174] Vgl. Wittkowski, Die E-Bilanz Grundlagen, Maßnahmen, Umsetzungsmanagement, S.91.

13.3.1. Minimalstrategie

Unternehmen, die möglichst wenig Umstellungs- und Pflegeaufwand anstreben, verfolgen meist die Minimalstrategie.[175] Diese zeichnet sich durch die intensive Nutzung der in der Taxonomie vorgesehenen Auffangpositionen aus.[176] So wird hier § 5b EStG dahingehend ausgelegt, dass die Steuerbilanz analog der Gliederungstiefe der §§ 266, 275 HGB elektronisch übermittelt wird. Solang die technischen Möglichkeiten durch die Nutzung von „NIL-Werten" bestehen und Auffangpositionen genutzt werden können, wird die erweiterte Gliederungstiefe der Taxonomie umgangen. Darüber hinaus, wird bei der Minimalstrategie auf die Übermittlung von freiwilligen Berichtsbestandteilen und Positionen verzichtet. Auch die Nichtbeanstandungsregelung und der Versuch unter die Härtefallregelung zu kommen, zeichnen die Minimalstrategie aus.

Als Vorteil dieser Strategie, sind der geringe Implementierungsaufwand, der künftig geringere laufende Aufwand und die Nutzung von Erfahrungen anderer Unternehmen anzuführen. Demgegenüber ist natürlich damit zu rechnen, bei der Risikobewertung der Finanzverwaltung negativ eingeschätzt zu werden, was wiederum die Gefahr der Außenprüfung mit sich bringt und vermehrte Rückfragen zur Folge haben kann.[177]

13.3.2. Maximalstrategie

Unternehmen, die gegenüber der Finanzverwaltung eine Politik der maximalen Transparenz und Mitwirkung verfolgen, werden die Taxonomiefelder möglichst umfangreich befüllen und grundsätzlich auf Auffangpositionen verzichten. Dieses Vorgehen wird in der Fachliteratur als Maximalstrategie bezeichnet. Es erfolgt eine Übermittlung der Handelsbilanz mit Überleitungsrechnung, sowie eine auf die jeweiligen steuerlichen Werte übergeleitete handelsrechtliche Gewinn- und Verlustrechnung, da diese einen höheren Informationsgehalt als die reine Übermittlung einer Steuerbilanz aufweist.[178] Auf freiwilliger Basis werden Kontennachweise, Anlagespiegel und weitere Berichtsbestandteile elektronisch übermittelt und die verwirklichten Sachverhalte, taxonomiekonform durch die vorgegebene Differenzierung von Muss- und Kannfelder verwirklicht.

Dem hohen Implementierungsaufwand, sowie den erheblichen Folgekosten und der mit der zeitnahen Umsetzung der vorgegeben E-Bilanz verbunden Umstellung, erge-

---

[175] Vgl. Herzig/Briesemeister/Schäperclaus, E-Bilanz: Finale Fassung des BMF-Schreibens und der Steuertaxonomie 2012, DB 2011, S.2509 (2515).
[176] Vgl. Bongaerts/Neubeck, E-Bilanz Erläuterungen und Anleitungen zur Taxonomie, S.70.
[177] Vgl. Wittkowski, Die E-Bilanz Grundlagen, Maßnahmen, Umsetzungsmanagement, S.95.
[178] Vgl. Herzig/Briesemeister/Schäperclaus, E-Bilanz: Finale Fassung des BMF-Schreibens und der Steuertaxonomie 2012, DB 2011, S.2509 (2515).

ben sich jedoch auch einige positive Aspekte, welche bei der Wahl der Compliance-Strategie Beachtung finden sollten. So erhoffen sich die Unternehmen, bei der Implementierung der Maximalstrategie, eine positive Bewertung im Risikomanagementsystem der Finanzverwaltung, die zeitnahe Steuerfestsetzung, sowie weniger Rückfragen seitens der Veranlagungsstelle.[179] Die positive Außendarstellung des Unternehmens und Rechtssicherheit, sollte einige Unternehmen dazu veranlassen, eine maximale Übermittlung des Jahresabschlusses durchzuführen.

13.3.3. Neutralstrategie

Strebt das Unternehmen einen Ausgleich zwischen Umstellungsaufwand und Compliance an, so sollte die Neutralstrategie gewählt werden. Diese Strategie orientiert sich an den sachlichen Vorgaben des BMF-Schreibens vom 28.September 2011 und den weiteren Verlautbarungen der Finanzverwaltung. Die E-Bilanz-Anforderungen sind so zu erfüllen, dass kein Nachteil für das Unternehmen entsteht. Freiwillige Berichtsbestandteile werden nur übermittelt, wenn hierbei kein, oder nur geringer zusätzlicher Aufwand anfällt.[180]

Die Neutralstrategie ist folglich der Mittelweg, welcher die Vor- und Nachteile der zuvor beschrieben Minimal- und Maximalstrategie so verknüpft, dass es zu einem ausgewogenen Ansatz für das eigene Unternehmen kommt.[181]

---

[179] Vgl. Wittkowski, Die E-Bilanz Grundlagen, Maßnahmen, Umsetzungsmanagement, S.93.
[180] Vgl. Herzig/Briesemeister/Schäperclaus, E-Bilanz: Finale Fassung des BMF-Schreibens und der Steuertaxonomie 2012, DB 2011, S.2509 (2515).
[181] Vgl. Wittkowski, Die E-Bilanz Grundlagen, Maßnahmen, Umsetzungsmanagement, S.96.

14. Ziele der E-Bilanz aus Sicht der Finanzverwaltung

Die Einführung der E-Bilanz impliziert nicht nur Konsequenzen für die zur elektronischen Übermittlung von Bilanzdaten verpflichteten Unternehmen, sondern auch für die Verfahrensabläufe der Finanzverwaltung. So muss im Voraus die technische Infrastruktur zur Annahme, Verteilung und Speicherung der eingehenden Finanzdaten auf Seiten der Finanzverwaltung geschaffen werden.[182] Nun stellt sich die Frage, welche Ziele die Finanzverwaltung mit der Einführung der elektronischen Übermittlung der Bilanz und Gewinn- und Verlustrechnung erreichen will.

Der Entwurf des Steuerbürokratieabbaugesetzes der Bundesregierung, definiert als oberstes Ziel, den „Abbau bürokratischer Lasten, sowie Verfahrenserleichterungen bei der Steuererhebung im Interesse von Bürgerinnen und Bürgern, Unternehmen und Staat". Darüber hinaus, soll „die Wahrung der primären Zielsetzung der Steuergesetzgebung, das heißt der dauerhaften und verlässlichen Sicherstellung staatlicher Einnahmen", Beachtung finden.[183] Inwiefern die Finanzverwaltung von der Einführung der E-Bilanz profitiert, wird im Folgenden näher erläutert.

Besonders papierbasierte Verfahren in der Finanzverwaltung, welche mit manuellem Erfassungsaufwand und damit einhergehenden administrativen Tätigkeiten verbunden ist, sollte durch die elektronischen Prozesse abgelöst werden. Die standardisierte, medienbruchfreie Bereitstellung von Steuererklärungs- und Jahresabschlussdaten, verringert Kosten, manuelle Erfassungsfehler und gestaltet die Archivierung der steuerlichen Informationen einfacher und übersichtlicher.[184]

Die Bedeutung der Einführung der E-Bilanz geht jedoch weit über die reinen Kosteneinsparungen, welche durch das Vermeiden papierbasierter Unterlagen entsteht, hinaus. Gerade die Möglichkeiten der automatisierten Prüfung der elektronisch in XBRL aufbereiteten Bilanz und Gewinn- und Verlustrechnung, bietet der Finanzverwaltung einige neue Perspektiven. So verfügt die Finanzverwaltung binnen kürzester Zeit über einen umfassenden Mikrodatenpool[185], welcher sie in die Lage versetzt, mittels detaillierter Unternehmensinformationen, Auffälligkeiten zu erkennen und so ein Risikomanagementsystem einzurichten.

---

[182] Vgl. Althoff/Arnold/Polka/Jansen/Wetzel, Die neue E-Bilanz, S.122.
[183] Vgl. Deutsche Bundesregierung, BT-Drucksache 16/101888, Steuerbürokratieabbaugesetz, Kapitel A.
[184] Vgl. Bongaerts/Neubeck, E-Bilanz Erläuterungen und Anleitung zur Taxonomie, S.427.
[185] Vgl. Briesemeister/ Herzig/Schäperclaus, E-Bilanz und Steuer-Taxonomie, DB 2010, Beilage Nr.5 zu Heft 41, S.1 (22).

Die Bestimmung „der Anforderung an Art und Umfang der Ermittlung bei Einsatz automatischer Einrichtungen" im Sinne des § 88 Absatz 3 AO, ist als rechtliche Grundlage eines Risikomanagementsystems innerhalb der Finanzverwaltung anzusehen. Dieses intelligente System zur Risikoeinschätzung wird sich einer Kombination unterschiedlichster Methoden bedienen, welche folgende Aufstellung verdeutlicht.[186]

- **Kennzahlenanalyse:** Diese setzt verschiedene Jahresabschlusspositionen ins Verhältnis zueinander.
- **Zeitreihenvergleich:** Betrachtet ausgewählte Positionen und Kennzahlen im Zeitablauf um ungewöhnliche Entwicklungen kenntlich zu machen.
- **Externer Betriebsvergleich:** Ermöglicht den Finanzämtern Jahresabschlussdaten mit Informationen aus Bilanzen und Gewinn- und Verlustrechnungen anderer Unternehmen zu vergleichen.
- **Ziffernanalyse:** Baut auf statistischen Methoden, wie der Benford-Analyse auf, um bewusste Manipulationen aufzudecken.[187]

Das Risikomanagementsystem ermöglicht somit eine „inhaus"-Betriebsprüfung, was den zur Prüfung benötigten Personaleinsatz effizienter gestaltet und Betriebsprüfungen nur bei erkennbaren Auffälligkeiten anstößt.[188]

Da Großbetriebe ohnehin der Abschlussprüfung unterliegen, werden bei der intensiven Vorauswahl zunächst kleine und mittelgroße Unternehmen fokussiert, da diese derzeit rechnerisch im Schnitt alle 14,5 Jahre (Mittelbetriebe), 28,7 Jahre (Kleinbetriebe) und 96 Jahre (Kleinstbetriebe) geprüft werden.[189]

Des Weiteren ermöglicht der elektronische Datenpool, bestehend aus detaillierten Unternehmensinformationen, die exakte Planung künftiger Steueraufkommen. So lassen sich mit Hilfe von Mikrosimulationen, Auswirkungen neuer Rechtsprechungen präzise abschätzen und Regeländerungen zeitnah und exakt prognostizieren.[190]

Somit ist die Einführung der E-Bilanz, aus Sicht der Finanzverwaltung, als bürokratischer Erfolg zu deuten, welcher erhebliche Vorteile bei Sicherstellung der Steuereinnahmen mit sich bringt und den derzeitigen technischen Möglichkeiten Rechnung trägt.

---

[186] Vgl. Herzig/Briesemeister/Schäperclaus, Von der Einheitsbilanz zur E-Bilanz, DB 2011, S.1 (7).
[187] Vgl. Bongaerts/Neubeck, E-Bilanz Erläuterungen und Anleitung zur Taxonomie, S.430.
[188] Vgl. Herzig/Briesemeister/Schäperclaus, E-Bilanz und Steuer-Taxonomie, DB 2010, Beilage Nr.5 zu Heft 41, S.1 (22/23).
[189] Vgl. Herzig/Briesemeister/Schäperclaus, Von der Einheitsbilanz zur E-Bilanz, DB 2011, S.1 (8) i.V.m. http://www.bundesfinanzministerium.de/Content/DE/Standardartikel/Themen/Steuern/Weitere_Informationen/ergebnisse-steuerliche-betriebspruefung-2010.html (Abruf 27.10.2012).
[190] Vgl. Bongaerts/Neubeck, E-Bilanz Erläuterungen und Anleitung zur Taxonomie, S.431.

15. Die E-Bilanz aus Sicht der Unternehmen

Die Einführung des Projekts E-Bilanz, beruht auf zwei sich widersprechenden Zielsetzungen. Zum einen, soll mithilfe der elektronisch übermittelten Datensätze eine automatische Risikoeinschätzung seitens der Finanzverwaltung möglich sein, zum anderen muss ein Eingriff in das Buchungsverhalten möglichst vermieden werden. Beides lässt sich nur schwer in Einklang bringen. Das automatisierte Risikomanagementsystem der Finanzverwaltung baut auf standardisierten Datensätzen auf, welche jedoch nicht der gängigen Buchführungspraxis entsprechen. Das deutsche Bilanzrecht gewährt Unternehmen erhebliche Ermessensspielräume bei der Ausgestaltung ihres Rechnungswesens, was individualisierte Kontenpläne ermöglicht. Gerade dies erschwert jedoch eine automatisierte Risikoeinschätzung.[191] Da die Steuertaxonomie einen hohen Grad der Standardisierung aufweist, ist bei der Umsetzung der E-Bilanz mit Eingriffen in das Buchführungsverhalten zu rechnen.

Welche Konsequenzen die Einführung auf das Buchungsverhalten der Unternehmen mit sich bringt, wird im Folgenden beschrieben.

15.1. Folgen für die Unternehmen

Gleich welcher Größenklasse kommt bei der Umstellung des Projekt E-Bilanz auf das betriebliche Rechnungswesen erheblicher Mehr- und Umstellungsaufwand zu. Die Datenerfassung und elektronische Übermittlung stehen hierbei im Vordergrund.[192]

Zunächst müssen die Softwarevoraussetzungen der EDV an die Anforderungen der elektronischen Datenübermittlung angepasst werden. Darüber hinaus muss der Kontenplan den Anforderungen der Taxonomie entsprechen, was Erweiterungen der Datenbasis und Datenschnittstellen mit sich bringt. Auch das Buchungsverhalten muss an die neuen Vorgaben der Taxonomie angepasst werden. Des Weiteren stellt sich die Frage, ob eine separate Steuerbilanz und Steuerbuchführung erstellt werden soll und die Nebenbuchführung hier integriert werden muss.[193]

Gerade Mittel- und Großunternehmen sind von diesen Umstellungsproblematiken betroffen. Klein- und Kleinstbetriebe übergeben ihre Buchführung oft an externe Steuerberater, welche für sie die Umstellungen an die E-Bilanz vornehmen. Diese buchen

---

[191] Vgl. Herzig/Briesemeister/Schäperclaus, E-Bilanz – Konkretisierung, Erleichterungen, verbleibende Problembereiche, DB 2011, S.1651 (1655).
[192] Vgl. Althoff/Arnold/Polka/Jansen/Wetzel, Die neue E-Bilanz, S.119.
[193] Vgl. Strube, Die E-Bilanz - Eine große Herausforderung für Ihre Mandanten, S.44.

meist mit Software aus dem Hause „DATEV e.G.". DATEV hat sich schon frühzeitig mit dem Projekt E-Government befasst und auch bei der Pilotierung teilgenommen.[194] Die standardisierte Softwarelösung „DATEV Mittelstand classic pro mit Rechnungswesen", garantiert einen aktualisierten Standardkontenrahmen, welcher an die Taxonomie angepasst ist.[195]

Gerade für Konzernunternehmen, welche weltweit einheitliche Kontenpläne besitzen und diese den Regelungen des IFRS folgen, müssen nun Sonderlösungen für deutsche Gesellschaften schaffen.[196] So müssten die steuerlichen Informationen im geforderten Detaillierungsgrad, bereits im globalen Kontenrahmen berücksichtigt werden, um eine automatische Generierung aller Mussfelder der Steuertaxonomie zu gewährleisten.[197] Da in einem global ausgerichteten Kontenrahmen, die Berücksichtigung der Steuergesetze des jeweiligen Staates nicht möglich ist, erweist sich die Erweiterung der Kontenrahmen, bei internationalen Unternehmen als äußerst schwierig.[198]

15.2. Auswirkungen auf das betriebliche Rechnungswesen

Durch den erweiterten Informationsbedarf der Steuertaxonomie, welcher sich in den Mussfeldern widerspiegelt, müssen steuerlich relevante Sachverhalte schon unterjährig Berücksichtigung finden, um den Anforderungen der Finanzverwaltung gerecht zu werden. Dies beeinflusst das Buchungsverhalten der zur elektronischen Übermittlung von Bilanz und Gewinn- und Verlustrechnung verpflichteten Unternehmen.

Bisher schließt die Erstellung der Steuerbilanz respektive Überleitungsrechnung, nach manuellen Korrekturen in Drittsystemen, wie beispielsweise Excel, an die erstellte HGB-Bilanz an. Mit der Verpflichtung zur Erstellung der E-Bilanz und den hieraus resultierenden Abweichungen zwischen Handels- und Steuerbilanz, ist die Implementierung eines leistungsfähigen Tax-Accountings, unabdingbar. Um die Sachverhalte unterjährig zu betrachten und buchhalterisch zu verarbeiten, lassen sich zwei unterschiedliche Modelle aus der Literatur ableiten.[199]

---

[194] Vgl. Althoff/Arnold/Polka/Jansen/Wetzel, Die neue E-Bilanz, S.121.
[195] Vgl. Strube, Die E-Bilanz - Eine große Herausforderung für Ihre Mandanten, S.44.
[196] Vgl. Herrfurth, Die E-Bilanz aus Sicht der Unternehmen, BBK/StuB 2010, Sonderdruck, S.9 (11).
[197] Vgl. Herzig/Briesemeister/Schäperclaus, E-Bilanz und Steuer-Taxonomie, DB 2010, Beilage Nr.5 zu Heft 41, S.1 (24).
[198] Vgl. Richter/Kruczynski/Kurz, E-Bilanz: Mindestumfang der steuerlichen Deklaration nach der geplanten Taxonomie, BB 2010, S.2489 (2493).
[199] Vgl. Herzig/Briesemeister/Schäperclaus, E-Bilanz und Steuer-Taxonomie, DB 2010, Beilage Nr.5 zu Heft 41, S.1 (24).

Zum einen das H-Modell, welches eine vollständige Trennung der Geschäftsbuchhaltung von der Steuerbuchhaltung vorsieht und somit zwei vollständig separate Buchungskreise hervorbringt. Zum anderen das Y-Modell, welches von einer gemeinsamen Grundrechnung ausgeht und zwei gesonderte Rechnungen für handelsrechtliche und steuerliche Jahresabschlüsse generiert.[200]

Diese unterjährige Betrachtung, macht es für das Rechnungswesen unabdingbar, steuerliches Know-How zu entwickeln, um bei Buchungen den Anforderungen der Taxonomie gerecht zu werden.

So widerspricht nicht nur das erforderliche Mapping der Kontenpläne, sondern auch die angestrebte medienbruchfrei Übergabe der Informationen aus der Finanzbuchhaltung und das damit verbundene tatsächliche Vorhandensein entsprechender Sachverhalte, dem Ziel, Eingriffe in das Buchungsverhalten zu vermeiden.[201]

Darüber hinaus ist nicht zu vergessen, dass der Anpassungsbedarf durch die erweiterte Mindestgliederung der E-Bilanz, auch andere mit dem Rechnungswesen kommunizierende Systeme, welche Buchungsinformationen für die Finanzbuchhaltung bereitstellen, betrifft. So sind, von der Lohnbuchhaltung über die Kostenrechnung bis zur Fakturierung, alle Systeme darauf zu untersuchen, ob die Konten, den Anforderungen der Taxonomie entsprechen und eine korrekte Zuordnung möglich ist.[202]

So ist die anfängliche Kritik an der eingeführten E-Bilanz durchaus als berechtigt anzusehen. Mit der E-Bilanz wird in bewährte Systeme eingegriffen und das Buchführungsverhalten vieler Unternehmen beeinflusst. Gerade die Eingriffe, welche das Mapping mit sich bringt, stellen für die Unternehmen erhebliche Herausforderungen da und sind mit hohen Kosten verbunden. Das reine Umstellen der EDV-Systeme erwies sich noch als das geringste Übel. Vor allem der erweiterte Schulungsbedarf der Mitarbeiter, und Beratungsbedarf durch Steuerberater, sind als Kostentreiber der E-Bilanz anzusehen, da diese die Anpassungen im Buchungsverhalten vornehmen.

---

[200] Vgl. Herzig/Briesemeister/Schäperclaus, E-Bilanz und Steuer-Taxonomie, DB 2010, Beilage Nr.5 zu Heft 41, S.1 (24).
[201] Vgl. Herzig/Briesemeister/Schäperclaus, E-Bilanz – Konkretisierung, Erleichterungen, verbleibende Problembereiche, DB 2011, S.1651 (1655).
[202] Vgl. Richter/Kruczynski/Kurz, E-Bilanz: Mindestumfang der steuerlichen Deklaration nach der geplanten Taxonomie, BB 2010, S.2489 (2494).

16. Persönliches Fazit der E-Bilanz

Die Zielsetzung des § 5b EStG und der damit einhergehenden elektronischen Übermittlung von Bilanz und Gewinn- und Verlustrechnung, welche zunächst die effiziente Gestaltung des Besteuerungsverfahrens durch den Einsatz moderner Informations- und Kommunikationstechnologien vorsieht, ist mit der E-Bilanz als erreicht anzuerkennen. In einem zunehmend digitalisierten und durch das Internet bereicherten Zeitalter, ist die elektronische Übermittlung der E-Bilanz durchaus zu begrüßen.

Demgegenüber muss der Eingriff in das Buchhaltungsverhalten und die Auswirkungen des festgelegten Mindestumfanges der E-Bilanz, auf das Berichtswesen, als kritisch angesehen werden. Die Vorschriften, welche über die Gliederungstiefe der §§ 266 und 275 HGB hinausgehen, stellen einen erheblichen Eingriff in die betrieblichen Abläufe und den Kontenplan dar.

Mit der vorgegebenen Mindestgliederungstiefe der Taxonomie bieten sich der Finanzverwaltung jedoch auch neue Möglichkeiten. Das entstehende Risikomanagementsystem, welches einen Vergleich der Branche, Größe und Region vorsieht, ermöglicht es „Ausreißer" schnell zu identifizieren. Damit sollte die lästige Betriebsprüfung gezielter angestoßen werden.

Auch Steuerpflichtige profitieren durch die digitalisierte Kommunikation mit der Finanzverwaltung. So ist damit zu rechnen, dass die Steuer zukünftig zeitnah festgesetzt wird und weniger Rückfragen seitens der Finanzverwaltung folgen. Auch die fehleranfällige manuelle Eingabe steuerlich relevanter Daten, wird durch die medienbruchfreie Übermittlung der Vergangenheit angehören.

So werden sich die zunächst anfallenden Umstellungskosten der Einführung, schnell als lohnenswerte Investition in die Zukunft herauskristallisieren. Solange Wirtschaft und Verwaltung kooperativ zusammenarbeiten, lässt sich das Projekt E-Bilanz sinnvoll realisieren und weiterentwickeln.

Literaturverzeichnis

Arbeitskries Externe Unternehmensrechnung (AKEU) der Schmalenbach-Gesellschaft für Betriebswirtschaft e.V., Köln: Finanzkommunikation mit XBRL, in DB 2010, S.1472-1479

Althoff , Frank/Arnold, Andreas/Jansen, Arne/Polka, Tobias/Wetzel, Frank: Die neue E-Bilanz, Haufe, o.O. 2011

Bongaerts, Dirk/Neubeck, Guido: E-Bilanz Erläuterungen und Anleitungen zur Taxonomie, Deloitte, o.O. 2012

Bundesministerium des Innern, Lexikon: E-Government, http://www.bmi.bund.de/DE/Service/Glossar/Functions/glossar.html?nn=105094&lv2=296422&lv3=152158, Abruf: 28.07.2012

Bundesministerium des Inneren, Regierungsprogramm „Vernetzte und transparente Verwaltung": http://www.verwaltung-innovativ.de/cln_339/nn_684674/SharedDocs/Publikationen/Pressemitteilungen/fortschrittsbericht_2011,templateId=raw,property=publicationFile.pdf/fortschrittsbericht_2011.pdf, Abruf: 28.07.2012/30.10.2012

Bundesministerium der Finanzen: Ergebnisse der steuerlichen Betriebsprüfung 2010, http://www.bundesfinanzministerium.de/Content/DE/Standardartikel/Themen/Steuern/Weitere_Informationen/ergebnisse-steuerliche-betriebspruefung-2010.html, Abruf: 27.10.2012

Bundesministerium der Finanzen: BMF-Schreiben 19.Januar 2010, § 5b EStG – Elektronische Übermittlung von Bilanzen sowie Gewinn- und Verlustrechnung, IV C 6 – S 2133-b/0, 2009/0865962

Bundesministerium der Finanzen: BMF-Schreiben, Entwurf des Schreibens zur Veröffentlichung der Taxonomie und die visualisierten Taxonomiedateien vom 31.08.2010, IV c 6-S2133-b/10/10001

Bundesministerium der Finanzen, BMF-Schreiben vom 28.September 2011, Elektronische Übermittlung von Bilanz sowie Gewinn- und Verlustrechnungen; Anwendungsschreiben zur Veröffentlichung der Taxonomie, IV C 6 – S 2133-b/11/10009, 2011/0770620

Burlein, Henning: E-Bilanz – Die Analyse der Finanzverwaltungsvorgaben und ihre praktische Umsetzung beginnen jetzt, in BBK 2011, Beilage zu Heft 23, S. 18 ff.

Deutscher Bundestag, Bericht des Finanzausschusses (7.Ausschuss): Entwurf eines Gesetzes zur Modernisierung und Entbürokratisierung des Steuerverfahrens (Steuerbürokratieabbaugesetz), BT-Drucksache 16/10940: http://dip21.bundestag.de/dip21/btd/16/109/1610940.pdf, Abruf: 30.08.2012

Deutsche Bundesregierung, Entwurf eines Gesetzes zur Modernisierung und Entbürokratisierung des Steuerverfahrens, BT-Drucksache 16/10188 elster.de, Aktuelles zu Elster, Statistische Zahlen: https://www.elster.de/elster_stat_nw.php, Abruf: 28.07.2012

esteuer.de, Kerntaxanomie 5.1 vom 01.06.2012: http://www.esteuer.de/, Abruf: 5.10.2012

Hechtner, Frank/Sielaff, Christian: Die E-Bilanz in den Startlöchern, in BBK 2011, Beilage zu Heft 23, S.29-36

Heinsen, Oliver/Adrian, Gerrit: E-Bilanz – Grundlegende Fragen zum Anwendungsbereich, in DStR 2010, S. 2591-2599

Heinsen, Oliver/Adrian, Gerrit: Anmerkungen zum aktualisierten BMF-Entwurfschreiben zur E-Bilanz, in DStR 2011, S.1438-1448

Herrfurth, Jörg: Die E-Bilanz aus Sicht der Unternehmen, in BBK/StuB 2010, Sonderdruck, S.9-12

Herrfurth, Jörg: Die Einführung der E-Bilanz im Unternehmen – Problemfelder und Praxishinweise zur betrieblichen Umsetzung, in BC 2011, S.436-444

Herzig, Norbert/Briesemeister, Simone/Schäperclaus, Jens: E-Bilanz und Steuer-Taxonomie – Entwurf des BMF-Schreibens vom 31.08.2010, in DB 2010, Beilage Nr.5 zu Heft 41

Herzig, Norbert/Briesemeister, Simone/Schäperclaus, Jens: Von der Einheitsbilanz zur E-Bilanz, in DB 2011, S.1 ff.

Herzig, Norbert/Briesemeister, Simone/Schäperclaus, Jens: E-Bilanz – Konkretisierung, Erleichterungen, verbleibende Problembereiche, in DB 2011, S.1651-1658

Herzig, Norbert/Briesemeister, Simone/Schäperclaus, Jens: E-Bilanz: Finale Fassung des BMF-Schreibens und der Steuertaxonomien 2012, in DB 2011, S.2509-2516

Hicking, Oliver: Erfahrungen aus der Pilotphase zur E-Bilanz, http://www.youtube.com/watch?v=t58Sc4WPUXc, Abruf: 31.08.2012

Hülshoff, Markus/Kolbe Sebastian: Konsens: Projekt E-Bilanz Aktueller Stand der Taxonomien, http://www.bundesfinanzministerium.de/Content/DE/Downloads/Abt_4/001_g.pdf?__blob=publicationFile&v=3, Abruf: 31.08.2012

Jansen, Arne/Polka, Tobias: Auffangpositionen in der E-Bilanz – Freud oder Leid?, in DStR 2011, S.1821-1828

Jansen, Arne/Polka, Tobias: Die E-Bilanz von A bis Z, Dashöfer, o.O. 2012

Klein, Evelyn: Die E-Bilanz aus Sicht der Finanzverwaltung, in BBK 2011, Beilage zu Heft 23, S.24-28

Koch, Sebastian /Nagel, Christian/Maltseva, Natalya: E-Bilanz – rationell und richtig umstellen, NWB, Herne 2012

Kußmaul, Heinz/Weiler, Dennis: Kritische Würdigung und Meldepflichten ab 2011 Die neuen gesetzlichen Regelungen zur „E-Bilanz" - § 5b EStG und § 60 EStDV, in BBK 2010, S.693-702

Kußmaul, Heinz/Weiler, Dennis: Anforderungen der Finanzverwaltung an die „E-Bilanz", in BBK 2010, S.766 ff.

Pintka, Klaus: Elektronische Bilanz – Übermittlung von Bilanzdaten – Taxonomie – Lexikon des Steuerrechts, DATEV LEXinform, Dok-Nr.: 5228358, Abruf: 29.08.2012

Polka, Tobias/Jansen, Arne: E-Bilanz: Fahrplan zur Umsetzung im Unternehmen, in BC 2012, S.238-250

Rätke, Bernd: Taxanomie ohne Rechtsgrundlage, in BBK 2011, Beilage 1

Richter, Lurz/Kruczynski, Magdalena/Kurz, Christof: Die E-Bilanz: Ein Beitrag zum Steuerbürokratieabbau?, in: DB 2010, S.1604-1610

Richter, Lutz/Kruczynski, Magdalena/Kurz, Christof: E-Bilanz: Mindestumfang der steuerlichen Deklaration nach der geplanten Taxonomie, in BB 2010, S.2489-2494

Richter, Lurz/Kruczynski, Magdalena: Die Auswirkungen der Einführung der E-Bilanz auf Klein- und Kleinstbetriebe – eine empirische Analyse, in DStR 2012, S.919-927

Strube, Dietmar: Die E-Bilanz – Eine große Herausforderung für Ihre Mandanten, DATEV e.G., Nürnberg 2011

Viskorf, Stephan/Haag, Maximilian: Bericht zum 6. Münchner Unternehmenssteuerforum: „Die E-Bilanz kommt 2012", in DStR 2011, Beiheft zu Heft 48, S.101 ff.

Wenk, Oliver/Jagosch, Christian/Straßer, Frank: Die E-Bilanz – Ein Projekt mit Fallstricken, in DStR 2011, S.586-596

Wittkowski, Ansas/Knopf, Frederic: E-Bilanz als aktuelle Herausforderung an das unternehmerische Rechnungswesen, in BC 2011, S.255 ff.

Wittkowski, Ansas/Knopf, Frederic: Brennpunkte der E-Bilanz: Was bereitet bei der E-Bilanz-Umstellung besondere Schwierigkeiten, und wie ist darauf zu reagieren?, in BC 2011, S.441-453

Wittkowski, Ansas: Die E-Bilanz Grundlagen, Maßnahmen, Umsetzungsmanagement, Beck, o.O. 2012